CW00428268

El triángulo de la competitividad

Lo que todo directivo debe conocer para tener éxito

Eduardo Betancourt

Los comentarios son bienvenidos a
betancourte@ciede.com

Contenido

INTRODUCCIÓN

La competitividad es un requisito esencial para la supervivencia y desarrollo de cualquier empresa moderna. Es responsabilidad de todo directivo o profesional saber cómo hacer a su empresa más competitiva. Sin embargo, esto no es fácil. Estamos viviendo no sólo una época de cambios, sino también un cambio de época. Las estructuras y los paradigmas bajo los cuales se construyeron las empresas modernas vienen del siglo anterior, todavía subsisten y son inadecuados para enfrentar estos cambios. Esto nos enfrenta al problema de discernir qué se debe cambiar y que debe permanecer de esas estructuras y de esos paradigmas. Para hacerlo es importante comprender por qué lo que anteriormente tuvo éxito, ahora ha dejado de tenerlo y que nuevas tendencias o metodologías debemos adoptar, para hacer a nuestras empresas más competitivas.

> **Durante los últimos 30 años ha ocurrido una verdadera revolución que afecta a la sociedad y a las empresas. El éxito del pasado no garantiza el éxito del futuro**

Durante los últimos 30 años ha ocurrido una verdadera revolución en el mundo occidental, que afecta tanto a la sociedad como a las empresas. Esta revolución ha sido originada por una aceleración en el desarrollo tecnológico que ha afectado drásticamente nuestras concepciones y nuestra manera de vivir. Quienes compartíamos responsabilidades de dirección en diversas organizaciones, pudimos observar como los paradigmas tradicionales se derrumbaban, producto de los cambios en el entorno, y obligaban a las empresas a producir respuestas más asertivas si querían sobrevivir. Nuevos competidores, más eficientes y mejor organizados, aparecieron en los mercados, con una clara orientación a satisfacer, y aún a exceder, las expectativas y necesidades de los clientes, tanto las actuales como las latentes.

Los directivos de empresas e instituciones se vieron repentinamente desbordados por la magnitud y profundidad de los cambios. La forma de manejar las organizaciones, que anteriormente había producido tan buenos resultados, era inefectiva ante la nueva situación. El éxito del pasado ya no podía garantizar el éxito del futuro. Se imponía desarrollar nuevas ideas y nuevos métodos pará afrontar la realidad. De inmediato comenzaron a aparecer una multiplicidad de teorías y herramientas, cada una pregonando poseer la solución adecuada a las necesidades de la compañía. Muchos dirigentes no tuvieron la apertura mental requerida para comprender estos cambios, no fueron capaces de reaccionar y mantuvieron a sus organizaciones estancadas, lo cual explica el fracaso de una gran cantidad de ellas. Quienes sí lo hicieron debieron realizar un cambio radical de mentalidad para adaptarse a las nuevas realidades. El problema para el directivo o gerente es que cada solución ofrecida representaba una inversión, tanto de tiempo como de dinero, sin mencionar las profundas repercusiones que muchas de ellas tenían en la motivación y moral del personal. De allí la necesidad de entender y estructurar nuevos modelos o paradigmas para dar respuestas asertivas optimizando recursos.

En mi carrera profesional tuve la suerte de ocupar posiciones ejecutivas en esos momentos de cambio, en una empresa tan importante, a nivel nacional e internacional, como Petróleos de Venezuela (PDVSA). Como Gerente Corporativo de Planificación de Organización y Recursos Humanos me tocó ser contraparte de consultoras de fama mundial, cómo McKinsey y Arthur D. Little, en la búsqueda de nuevas formas de estructuración empresarial y de manejo del capital humano, para afrontar los retos del entorno. En esta labor visitamos y analizamos la forma de estructurarse y operar de muchas empresas de avanzada, y estudiamos lo que los autores reconocidos aportaban en el ámbito académico.

Simultáneamente ejercía (y aún continúo ejerciendo) la docencia en cursos de postgrado en prestigiosas universidades, como la Universidad Central de Venezuela, la Universidad Católica Andrés Bello y la Universidad Simón Bolívar, lo cual lo me obligaba a extraer la esencia de cada metodología que se probaba en la empresa, medir sus resultados y estructurar el conocimiento derivado de ellas, para poder transmitirlo a los estudiantes. Éstos últimos, a su vez, enriquecían el contenido de cada curso con sus aportes, comprobando de esta manera el famoso dicho de que el conocimiento, al igual que el amor, es una de las pocas cosas que se multiplica cuando se comparte.

> **El triángulo de la competitividad descansa en tres bases: la definición de la estrategia, la optimización de los procesos para obtener la máxima eficiencia operacional y el manejo estratégico del capital humano y de la cultura organizacional.**

El contenido de esta obra refleja el hábito adquirido desde esa época de integrar la investigación académica con la práctica empresarial. En ella intentamos dar una visión de conjunto de las razones del fracaso del modelo burocrático tradicional organizacional, que viene predominando desde el siglo pasado y las bases de los nuevos modelos y tendencias que han adoptado las empresas que son competitivas, los cuales están fundamentadas en lo que hemos denominado el triángulo de la competitividad: la definición de la estrategia, la optimización de los procesos para obtener la máxima eficiencia operacional y el manejo estratégico del capital humano y de la cultura organizacional. La intención de la misma es proveer a directivos, y profesionales que aspiren llegar a serlo, con una visión de conjunto, y un esquema estructurado y coherente, que les permita interpretar la realidad de su empresa, a la luz de las nuevas tendencias, y describir las principales técnicas y metodologías, probadas en la práctica, que pudieran aplicar para hacerla más competitiva.

La obra se divide en tres partes: en la primera se analizan los problemas que presenta el modelo tradicional de organización empresarial para hacer frente a las nuevas realidades. En la segunda se describen las nuevas tendencias o paradigmas que han venido surgiendo en las empresas más competitivas, analizando sus ventajas en contraste con el modelo anterior, y la manera de aplicarlas a la realidad de nuestras empresas. En la tercera, se resumen las técnicas y metodologías de punta, de mayor utilidad para producir sinergias y economía de costos.

PRIMERA PARTE

POR QUÉ ESTAMOS DONDE ESTAMOS

Nuestras empresas necesitan tener éxito. Especialmente las empresas privadas. Son la garantía del desarrollo económico de nuestras comunidades, una fuente de empleo estable y la posibilidad de adquirir productos y servicios de calidad a precio razonable. Pero esto ocurrirá sólo si tienen éxito. Para ello se requiere que sean competitivas. Sin embargo, el modelo burocrático sobre el cual se han edificado presenta una serie obstáculos para lograr esa competitividad. En esta primera parte se examinan cuáles son esos obstáculos.

CAPÍTULO I

EL SURGIMIENTO DEL ACTUAL MODELO DE EMPRESAS

En este capítulo se examina el surgimiento del modelo que ha regido y sigue rigiendo a la mayoría de nuestras empresas e instituciones, ya sean públicas o privadas, sus fundamentos y las razones de su éxito en el pasado.

Por qué las empresas necesitan tener éxito

Cualquier directivo de empresa, o profesional consciente, tiene que sentirse preocupado cada día al abrir los periódicos o escuchar las noticias por la radio o la televisión. La proliferación de delitos, el desempleo, la pobreza, las enfermedades, la corrupción y otras calamidades similares son el tema del día, en nuestros países de América Latina. Los gobiernos nacionales, estadales y municipales, parecen desbordados en cuanto a su capacidad para combatir estos flagelos y producir el desarrollo requerido para lograr una sociedad más justa. La escuela y la familia, otrora formadoras de valores, se ven impotentes ante la fragmentación que vive la sociedad. Las causas se concatenan, el desempleo trae pobreza, la pobreza influye en la delincuencia y en el retroceso de los valores, la pérdida de valores incrementa la corrupción, la corrupción ahuyenta a las empresas y esto a su vez incrementa el desempleo.

En medio de este panorama una empresa o institución bien gestionada puede ser una fuente de empleo seguro y bien remunerado, de seguridad social y de salud, e incluso de formación de valores y educación para sus integrantes.

La importancia del modelo o paradigma empresarial

Para alcanzar sus objetivos la gerencia de una empresa debe administrar una serie de recursos de diversos tipos: equipos, materiales, dinero, sin olvidar el recurso más importante, el capital humano, que es el que moviliza todos los demás. La forma de administrar los recursos es consecuencia de los modelos que la empresa adopta. Un modelo es una representación que nos permite acceder a una realidad compleja de una manera tal que simplificamos, u obviamos, los elementos menos importantes de esa realidad, para destacar aquellos, que por su relevancia, permiten interpretar mejor lo que necesitamos conocer, para alcanzar un determinado fin.

Para entender los modelos empresariales que actualmente tenemos, y sus repercusiones, es necesario efectuar un recorrido histórico acerca de cómo surgieron, cuáles son sus elementos fundamentales, y qué influencia tienen en la forma de gestionar la empresa. Históricamente han gozado de una característica destacada por Peter Drucker, y es su pragmatismo, es decir, las empresas se guían por lo que les resulta en la práctica, y no por lo que los académicos dicen acerca de esos modelos. No obstante, esta es una verdad a medias ya que muchas empresas, especialmente en nuestro medio, adoptan metodologías y modelos, más arrastradas por la moda, que por la comprobación práctica de sus resultados, aunque en la mayoría de los casos terminan abandonándolos sin examinar las razones de su fracaso o las adaptaciones requeridas para su éxito.

¿Cómo surge la empresa moderna? Los primeros modelos de empresa

En 1908 Ford comienza la producción masiva del automóvil, a precios populares. El automóvil había sido inventado mucho antes, sin embargo, por los costos de su proceso de fabricación artesanal, sólo era accesible a las clases más pudientes. El señor Ford logra hacer el automóvil asequible a la clase media americana mediante la producción en masa.

Ford popularizó no solo un modelo de automóvil, sino también un modelo de empresa

Junto con el modelo T. de automóvil, Ford también populariza un modelo de organización empresarial que aplica principios organizacionales, más tarde descritos por Taylor y Fayol, inspirados en la organización militar y en la de la Iglesia, lo que se ha denominado la administración científica. Este modelo irá evolucionando y será conocido como el modelo burocrático, el cual es el predominante hoy en día en la mayoría de las organizaciones.

Para lograr eficiencia en la producción el modelo adopta una serie de principios organizacionales: la división del trabajo, la especialización del operario, el énfasis en los puestos y en la organización, los estudios de tiempo y movimiento, la unidad de mando y de dirección, la remuneración justa del trabajador, y la estructura jerárquica por funciones (divididas en unidades de línea y de "staff" ó asesoría): técnicas, comerciales, financieras, seguridad, contabilidad, y una función que integraba a todas las anteriores que se denominó administración.

La centralización fue considerada importante en un principio, porque el mismo nacimiento de la empresa Ford se hizo bajo la dirección y liderazgo de una sola persona. Posteriormente la llegada de GM, constituida por un conjunto de empresas que se agruparon para competir con la Ford, traerá un nuevo concepto: esta serie de empresas habían sido creadas, cada una, por una persona diferente y eso llevará a que en su estructura se considere un modelo descentralizado, donde el poder no reside sólo en el Presidente, sino que está distribuido a través de las diversas divisiones que la conforman. Sin embargo se conserva la misma pirámide jerárquica y se observan los mismos principios.

El modelo burocrático

Cuando las empresas comienzan a adquirir cierta magnitud, uno de los aspectos importantes requeridos para mantener el control es la previsibilidad en su funcionamiento. Esta previsibilidad se sustenta en dos valores fundamentales: la disciplina y la obediencia. Se concibe que la disciplina y la obediencia se logren a través del uso de la autoridad y el poder.

La fuente de esa autoridad puede variar. Por ejemplo, en la sociedad tradicional, como ocurre en el clan, la familia y otras instituciones similares, la autoridad está basada en un concepto también tradicional: se obedece al jefe de la familia porque así se ha hecho toda la vida. En otros tipos de sociedades, como la denominada carismática, basada en la mística o el personalismo, y cuyas manifestaciones más visibles que son los partidos políticos y los movimientos revolucionarios, la autoridad proviene del carisma de quien la conduce. La palabra carisma significaba un don dado gratuitamente por Dios a una persona y modernamente es lo que hace que una persona se imponga a otras sin tener algún tipo de autoridad delegada por otra vía.

Las empresas modernas necesitaban un modelo que fuera capaz de adaptarse a sus condiciones de funcionamiento y para ello se resucita el modelo burocrático, de Max Weber. Debemos recordar que Weber había muerto en 1920, pero sin embargo había dejado un legado importante acerca de cómo debe funcionar una organización. En la sociedad burocrática, característica de las empresas y de los Estados modernos, la autoridad se basa en las normas y en las leyes, es decir, la autoridad la tiene aquella persona a quien la norma o la ley designe, independientemente de quién sea la persona. Los demás deben obedecer. La burocracia se fundamenta en la necesidad de tener una previsibilidad en la organización para poder alcanzar sus fines. Esa previsibilidad estará basada en una racionalidad y esa racionalidad proviene de varias características.

La primera es que debe estar regida por normas y reglamentos, debe tener una estructura legal que prevea el funcionamiento mismo de la sociedad: quién la debe presidir, qué autoridad debe tener y otros aspectos similares. Una segunda característica importante es la jerarquía de autoridad, es decir, la existencia de una pirámide jerárquica que implica que para cada puesto debe haber una autoridad y una responsabilidad delegada, sometidas todas a la cúspide de la pirámide constituida por quien dirige la sociedad.

En esta sociedad se mantiene la división del trabajo, pero se le añade una característica que es la impersonalidad del cargo. Esto quiere decir que la sociedad funciona por relaciones existentes entre los cargos, independientemente de quienes los desempeñen. Se supone que el ocupante de un cargo tiene la capacidad para desempeñarlo, tiene la autoridad para hacerlo, y tiene la responsabilidad consiguiente por sus actuaciones. Para ello, otra característica importante en esta sociedad es que el desempeño de los cargos debe ser estrictamente basado en la competencia técnica y en el mérito de quien lo va a desempeñar. A diferencia por ejemplo de la sociedad carismática donde la autoridad del líder, basada en el carisma, exige que la condición esencial para el desempeño de un cargo inferior sea la lealtad, en la organización burocrática la exigencia para el desempeño de un cargo está en la meritocracia. Otro aspecto es la formalidad que se da en la organización, que viene reflejado porque las comunicaciones deben ser registradas, es decir por escrito.

> ## El modelo burocrático descansa en la hipótesis de que la mejor manera de controlar la organización es controlando a la gente

Este modelo descansa en una hipótesis subyacente: la mejor manera de controlar los resultados de una organización es controlando a la gente. De allí el énfasis dado a dos aspectos fundamentales: la organización y estructura de la empresa, y la manera de escoger, motivar y liderar al personal. Consecuencia de esto es la importancia de tener un organigrama que refleje las relaciones de autoridad, poder y responsabilidad dentro de la organización, la necesidad de la descripción de los cargos, y la realización periódica de la evaluación individual del personal, asociada, en la mayoría de los casos, al sistema de recompensas.

El éxito del modelo burocrático

El modelo burocrático se adaptó perfectamente a las condiciones preponderantes en los primeros 70 años del siglo pasado. Fue de mucha utilidad en la estructuración de grandes empresas e instituciones, públicas y privadas, tanto en la sociedad capitalista occidental como en la sociedad comunista.

Su éxito estuvo fundamentado en la estabilidad del entorno, controlado ya sea por los gobiernos e instituciones del estado, como en el caso de la Unión Soviética, o por las grandes corporaciones multinacionales de occidente.

En ambos casos la competencia estaba restringida o suprimida, ya fuera por el poder político del Estado o por el poder económico de las empresas, lo que desembocaba en grandes monopolios u oligopolios, frente a los cuales el ciudadano común debía resignarse. Ya actuara como consumidor o como trabajador, debía aceptar la calidad de los productos o servicios solicitados, al precio estipulado, o las condiciones de trabajo ofrecidas. Algunas veces, los ciudadanos, asociados en ligas de consumidores o en sindicatos, ejercían cierto contrapeso, sin embargo el mismo era limitado. En este entorno, la fragmentación de los procesos y la especialización en el trabajo, permitían pasar de la producción artesanal a la producción en masa, con mayor eficiencia. La relativa simplicidad de la tecnología también favorecía la contratación de una mano de obra poco instruida y fácil de capacitar en tareas sencillas y repetitivas.

Actuando en un entorno relativamente estable y controlado, las empresas operaban (y aún operan) con una ineficiencia aceptada, protegidas por diferentes tipos de barreras y subsidios, donde era más importante el control de la empresa que su efectividad. En ausencia de competidores reales, el cumplimiento de objetivos y metas predeterminados era la medida del éxito. Por eso es tan importante, en la empresa tradicional, la definición de la misión, no sólo de la empresa, sino de cada una de las organizaciones que la componen, y el establecimiento de objetivos y metas, organizacionales e individuales, para el desarrollo de la misma. De allí la popularización que en los años 60 tuvo el sistema de administración por objetivos.

Regida por una concepción vertical, cobra relevancia la definición del puesto de trabajo, de las competencias requeridas para ejecutarlo y de los niveles de autoridad y responsabilidad de los mismos. Se concibe el liderazgo como la capacidad de controlar a las personas y de mantener la disciplina en la organización. Se valora la iniciativa individual, especialmente si produce los resultados buscados por la organización, siempre y cuando la misma esté enmarcada dentro de los límites de la responsabilidad del puesto y no viole las líneas jerárquicas establecidas.

CAPÍTULO II

LOS CAMBIOS QUE CONMOVIERON EL MUNDO ORGANIZACIONAL

En este capítulo se analizan los cambios ocurridos en el entorno en los últimos 30 años y sus repercusiones en el paradigma tradicional de las empresas, para poder comprender las razones de la pérdida de competitividad de las mismas.

Cinco disrupciones que cambiaron el mundo organizacional

La relativa estabilidad del entorno empresarial que caracterizó la primera mitad del siglo pasado comenzó a cambiar, cada vez más aceleradamente, a partir de los años 70. Una serie de disrupciones contribuyeron a esta aceleración del cambio y tuvieron profundas repercusiones tanto en la sociedad, como en las empresas. Las principales las podemos agrupar en las siguientes: la revolución tecnológica, la globalización, la concientización del ciudadano común, la democratización de las empresas y la revolución de la calidad.

> **La revolución tecnológica, la globalización, la toma de conciencia del ciudadano común, la democratización de las empresas y la revolución de la calidad, conmovieron el mundo organizacional**

La revolución tecnológica

A finales de los años 50 la Unión Soviética y los Estados Unidos emprenden una competencia por el dominio del espacio. En 1957 la Unión Soviética coloca el primer satélite artificial, el Sputnik 1, y al mes siguiente el Sputnik 2, con un peso de 508 kg. Cuatro meses después, los Estados Unidos deben conformarse con colocar el satélite Explorer 1, de apenas 14 kg de peso. Sin embargo, la desventaja tecnológica en materia de propulsión de cohetes espaciales es compensada por el desarrollo de instrumentos más pequeños que van dentro del satélite. Se abre el campo de la miniaturización.

En 1972 la empresa Intel desarrolla el microchip, produciendo en el área de la computación un efecto similar al que años antes había producido Ford con el automóvil. No es que no existieran computadoras en esa época, sino que las mismas estaban reservadas para las grandes empresas, y ocupaban mucho espacio. A partir de los años 70, las computadoras empiezan a disminuir de tamaño, son más potentes, aparece el ratón (mouse) y se vuelven más amigables, son menos costosas y por último pasan a ser portátiles.

Esta revolución tecnológica, también se manifiesta en una revolución de las comunicaciones, reflejada especialmente en las comunicaciones satelitales y en el Internet. Ahora la información está al alcance de nuestras manos, en cuestión de segundos ("a un clic de distancia"), y con ella los últimos adelantos tecnológicos. Pero la revolución tecnológica no se limita sólo a estos aspectos, por el contrario los mismos sirven para potenciar otros desarrollos. Comienza el fenómeno de convergencia de tecnologías, ya podemos usar la computadora para ver televisión y la televisión pasa a ser interactiva, el teléfono celular sirve para enviar mensajes de texto, para recibir nuestra correspondencia de Internet y para tomar fotografías y videos, además de otras funciones como calculadora, agenda, juegos y demás.

La globalización

Los países comprenden la importancia de abrirse a estos cambios, eliminando barreras proteccionistas, so pena de quedar atrasados. Las empresas comienzan a expandirse y muchas adquieren un poderío económico que en ocasiones es superior al de algunas naciones. Trasladan su manufactura a aquellos países donde el costo de la mano de obra es menor. La industrialización deja de ser sinónimo de desarrollo y se da la paradoja de que los países subdesarrollados pasan a ser los industrializados. Los países desarrollados son ahora los que poseen la información y el conocimiento. Aparece el fenómeno de la globalización, que se acentúa en la última década del siglo pasado, donde acuerdos que comenzaron a gestarse muy lentamente después de la Segunda Guerra Mundial, con el Tratado de Libre Comercio, se materializan en la Organización Mundial de Comercio, pero a un ritmo tan acelerado que países anteriormente rivales irreconciliables, como China y Estados Unidos, pasan a ser los principales socios comerciales.

La toma de conciencia del ciudadano común

El público se puede informar, vía satélite, de lo que ocurre en los países desarrollados y del primer mundo. El efecto de demostración que tienen los nuevos inventos y el acceso a esa información por parte del ciudadano común, que ahora ve y escucha los sucesos en tiempo real, se puede comunicar a muy bajo costo, está tentado a tener el último modelo y puede hacer llegar su opinión a otros miles, lo lleva a una toma de conciencia de los bienes y servicios que puede disfrutar. Comienza a volverse más exigente. Percibe que es un "cliente" y no simplemente "un usuario", que no se tiene que conformar con lo que le den, sino que puede exigir la satisfacción de sus expectativas y necesidades, tanto por parte de las empresas, como por parte de los gobiernos. Dentro de estas exigencias aparece también la necesidad de contrarrestar los abusos, cometidos por las grandes empresas en el establecimiento de poderes monopólicos, que les permitían la anulación de la competencia y el control del entorno. Presiona y logra legislaciones antimonopólicas (especialmente en los países democráticos) y esto permite el surgimiento de nuevos actores, o lo que hemos denominado "la democratización de las empresas".

La democratización de las empresas

La revolución tecnológica y el control antimonopólico de las empresas, especialmente en los países desarrollados democráticos, traen una consecuencia inesperada y es el surgimiento de nuevas y poderosas corporaciones que pueden competir y aventajar a las tradicionales. Esta democratización no se podía sospechar en los años 60. Compañías como Microsoft, Macintosh, SAP o Dell, nacen prácticamente de la nada, y se convierten en gigantes capaces de competir con empresas establecidas como IBM. Las nuevas empresas basan su ventaja principalmente en el conocimiento que poseen o en la idea innovadora que introducen. Microsoft no fabrica computadoras, ni ningún otro artefacto. Se derrumba el mito de que las empresas requieren grandes capitales, en su constitución, para llegar a desarrollarse. Los grandes monopolios no pueden utilizar (al menos en los países desarrollados democráticos) las antiguas estrategias de dumping o interferencia en los canales de comercialización, para mantener su posición. Se ven impedidos de realizar ciertas adquisiciones y están obligados a compartir sus patentes.

Paralelamente comienza a destacarse la importancia de la ética empresarial, tanto por la adquisición de la conciencia colectiva, como por la acción controladora de los gobiernos. Se derrumba el paradigma de que la ética no tiene nada que ver con los negocios y el viejo refrán de "business is business" da paso a una nueva ola de consideraciones éticas en el manejo de las empresas. Pasa a ser importante la Responsabilidad Social Empresarial (RSE) como parte integrante de la estrategia.

La revolución de la calidad

A comienzos de los años 80, las empresas occidentales, especialmente en el campo automotriz y electrónico, se ven desafiadas por competidores japoneses, que comienzan a ganarles mercados en sus propios países. El éxito de estos nuevos competidores está basado en ofrecer productos y servicios con una calidad que satisface o excede las expectativas y necesidades de los clientes, a un precio competitivo.

A mediados de los años 50, el doctor Deming, hablando a los principales directivos de empresas de un Japón destruido y arruinado por la guerra, había planteado una forma de salir de esa crisis. Propuso lo que en el vocabulario moderno se llamaría un cambio de paradigma: que la calidad no cuesta y por el contrario la calidad ahorra costos.

La explicación de este cambio de paradigma es muy sencilla: si por cada ciento diez unidades de un artículo que produce una empresa, diez salen defectuosas, habrá que incurrir en una serie de costos para asegurarle a los clientes que solo recibirán las cien buenas. Para ello será necesario tener un gran equipo de personas al final de la línea de producción revisando las unidades y separando las defectuosas. También habrá que incrementar la capacidad instalada de producción en un diez por ciento para garantizar el cumplimiento con los clientes, habrá que tener un diez por ciento más de personal, consumir diez por ciento más de materia prima, etc. Por supuesto, todos esos costos adicionales serán cargados al costo de producción de las unidades buenas y eso lo terminará pagando el cliente. Es por ello que a menor calidad, mayor será el costo.

Por el contrario, si se controlan los procesos y se garantiza que todo lo que está saliendo está bueno, ese costo adicional se eliminará y el costo del producto final será menor. Si esto es cierto, entonces se producirá un fenómeno que podríamos resumir de la siguiente manera, y que se ha denominado la reacción en cadena de Deming: al mejorar la calidad en los procesos, se obtienen menores costos, por consiguiente se puede competir con precios más bajos. Al bajar los precios aumentará la demanda y al aumentar la demanda se abrirán nuevas fuentes de producción, que generarán nuevos empleos y dará mayor poder adquisitivo a la población, lo que repercutirá en un nuevo aumento de la demanda y así seguirá la reacción en cadena creando un bienestar colectivo, con más empleo y con el disfrute de bienes y servicios de mejor calidad.

La reacción en Cadena de Deming

El nuevo modelo organizacional demuestra sus bondades en la práctica. Las empresas japonesas penetran mercados inalcanzables en otras épocas, como el mercado automotriz, especialmente el norteamericano. Muy pronto comienzan a descubrirse las ineficiencias del modelo burocrático. Muchos piensan que la disolución de la antigua Unión Soviética, que se inició con la caída del muro de Berlín, a finales de los 80, y prosiguió a comienzo de los 90, con la reunificación alemana y la separación de otros países, se debió, entre otras cosas, a la ineficiencia del estado debido a la sobre burocratización. Lo que pocos observan es que a comienzos de los 90 también desapareció PANAM, la mayor aerolínea del mundo, y, al igual que ella, ya habían desaparecido más del 70% de las empresas occidentales más destacadas de los años 60.

Las ineficiencias de nuestro modelo empresarial

Las ineficiencias del modelo burocrático son conocidas por quienes trabajamos en él. La primera de ellas es la creación de barreras interdepartamentales, que convierten a los departamentos en pequeños (o grandes) feudos, dominados por un señor feudal que es el gerente o directivo. Los trabajadores no pueden comunicarse entre sí directamente para asuntos de trabajo, sino a través de su línea de mando, hasta llegar a las máximas autoridades, que son las que pueden girar la orden respectiva a los niveles inferiores. Si por ejemplo, el mecánico del departamento de mantenimiento descubre que es necesario realizar unas modificaciones en la instalación, no puede acordar las mismas con los operadores. Necesita pasar por su línea de mando hasta llegar a su gerente, quien a su vez deberá hablar con el gerente de operaciones, para que éste autorice, de nuevo a través de la línea de mando, a los operadores a realizar las modificaciones respectivas.

Las empresas se administran verticalmente pero realmente funcionan horizontalmente

El mecanismo no sólo genera demoras, sino que además centra la toma de decisiones, grandes y pequeñas, en jerarcas, que deben hacerlo sin tener, muchas veces, ni el conocimiento, ni la cercanía al problema, para tomar la decisión correcta. Adicionalmente concentra poder en ellos, lo que no siempre es utilizado para una dirección racional de la organización, sino más bien para un juego político interno, caracterizado por el regateo y el "tira y afloja" en la toma de decisiones. De esta manera, las decisiones tienden más a buscar el consenso que satisfaga los intereses particulares de los diversos grupos de actores dentro de la organización, que la racionalidad que satisfaga el interés de la organización misma.

Una segunda ineficiencia es producida por la especialización en el trabajo, que centra la atención del trabajador en su descripción del puesto y no en el funcionamiento de los procesos. De esta manera el trabajador ve restringida tanto su responsabilidad, como su iniciativa, a los límites de su puesto, lo cual se exacerba en la administración pública con el concepto de "competencia", es decir, la persona sólo puede ejecutar los actos para los cuales tiene atribuida una responsabilidad y cualquier acción fuera de ese límite es nula, así sea útil o necesaria.

Una tercera ineficiencia se manifiesta en la resolución de problemas o fallas en los sistemas. Mientras que la organización se administra verticalmente, en la práctica los procesos fluyen horizontalmente y requieren de la cooperación entre los diversos departamentos, para alcanzar los resultados deseados. Al no producirse los mismos, la estructura vertical no provee una instancia responsable por la coordinación y funcionamiento de los procesos como un conjunto, por lo cual ante cualquier falla, se comienzan a buscar culpas y responsabilidades en las personas y en los departamentos, en lugar de trabajar en la modificación de los procesos que son los que las originan. Esta cultura de buscar al culpable deteriora la moral organizacional y es fuente de coaliciones internas (las denominadas "roscas") que actúan como mecanismos de autodefensa y de poder, pero deterioran la eficiencia organizacional.

Una cuarta ineficiencia de la organización vertical viene dada por los sistemas de evaluación y recompensa. Siendo el trabajo fragmentado y especializado, la responsabilidad para llevarlo a cabo es individual y así también lo es la recompensa. Como quien decide esta última, en la estructura vertical, es el jerarca respectivo, la lealtad del empleado está más con su jefe que con el cliente. Esto es muy grave, especialmente en nuestro medio, donde entre los factores culturales del entorno predominan más los de poder y afiliación, que los de logro, lo que propicia el desarrollo de la adulancia y "compadrazgo" para obtener beneficios. De esta manera se rompe con la meritocracia que es uno de los supuestos esenciales del modelo burocrático.

Una quinta ineficiencia proviene del proceso de evaluación de la importancia relativa de los puestos. Buscando la forma de mantener la equidad interna entre los diversos puestos, en la organización vertical, es frecuente la evaluación de los mismos basada en el conocimiento requerido para ejecutar el puesto, las decisiones que debe tomar, el presupuesto que debe gastar y la cantidad de personal que debe manejar. Conociendo cada empleado que su nivel de remuneración y estatus estará acorde con el nivel del puesto, su tendencia será a tratar de incrementar el numero de actividades que realiza y la diversidad de las mismas, para justificar una mejor evaluación, debido a la cantidad de conocimientos, decisiones, presupuesto y personal que se requiere para ejecutarlo. En lugar de ser prioritaria la simplificación de las organizaciones, lo importante es lo contrario, volverlas más complejas, lo que conduce a la creación de "imperios" internos.

Sin embargo, cabe preguntarse, ¿por qué el modelo burocrático fue exitoso, al menos en las primeras seis décadas del siglo pasado?. Algunos lo atribuyen a la tolerancia existente entre los consumidores a estas ineficiencias. Esta tolerancia existía por varias razones: la primera de ellas es que tanto en el ámbito soviético como en el ámbito occidental, los gobiernos y las grandes corporaciones mantenían un control artificial del entorno, a través de monopolios u oligopolios, que no permitían la competencia abierta y leal. De esta manera, ni accionistas, ni consumidores, podían percatarse de que la producción era ineficiente. Una segunda razón es que los consumidores carecían de la información necesaria acerca de lo que se hacía en otras áreas. Al producirse la revolución de las comunicaciones esta información comenzó a difundirse en tiempo real, creando un "efecto de demostración" en el público. Una tercera razón es que no se sabía cómo detectar y corregir las ineficiencias, en otras palabras, no había un modelo alterno al burocrático.

Las dos superpotencias del siglo XX, Estados Unidos y la Unión Soviética, comenzaron a confrontar serios problemas en la eficiencia de sus empresas en la década de los 70. Ambas compartían la utilización del modelo burocrático

Las dos superpotencias del siglo XX, la Unión Soviética y los Estados Unidos de Norteamérica, comenzaron a experimentar problemas en sus grandes empresas, en la década de los 70. En el área soviética, más sujeta a consideraciones políticas que económicas, se notó que a mediados de los años 70 el país había empezado a perder impulso y los fracasos económicos se habían vuelto más frecuentes. En palabras de Gorbachov, era como que una especie de "mecanismo de freno" afectaba el desarrollo social y económico, cuando, paradójicamente, al mismo tiempo, la revolución científica y tecnológica abría nuevas perspectivas. Estas inquietudes llevaron a los líderes de esa nación a dos políticas célebres: el "glasnot" (transparencia o apertura) para dejar de manipular y ocultar resultados, y la "perestroika" (reestructuración) para buscar nuevos caminos en el socialismo.

Para los líderes norteamericanos la conquista de sus propios mercados por empresas japonesas, organizadas de una manera diferente, produjo un desconcierto. Fue una sorpresa descubrir que quienes habían sentado las bases de este nuevo modelo eran autores norteamericanos, que no habían sido escuchados en su propio país. No fue sino en el verano de 1980, cuando la veterana reportera y productora de televisión Claire Crawford-Mason, en un documental denominado "¿Si Japón puede, por qué no podemos nosotros?" puso de relieve esta realidad, presentando ante el público norteamericano la figura de W. Edwards Deming, a quien se le atribuye haber iniciado este movimiento en Japón. Sin embargo, como lo señaló el propio Deming en esa entrevista, los líderes norteamericanos no sabían   qué   copiar   de   los   japoneses.

SEGUNDA PARTE

LAS NUEVAS REALIDADES

El siglo XXI se inicia con un conjunto de situaciones, a las cuáles debe hacer frente la empresa moderna, que Drucker denominó las nuevas realidades. Para responder a ellas hay que utilizar nuevos paradigmas, que permitan una gestión más ágil y eficiente de nuestras empresas. En esta parte examinaremos las nuevas tendencias y los nuevos paradigmas y modelos empresariales, la forma de analizar nuestras organizaciones a la luz de los mismos y lo que debemos hacer para desarrollar su competitividad.

CAPÍTULO III

¿DÓNDE ESTAMOS AHORA?

En este capítulo se analiza la necesidad de cambiar los paradigmas empresariales que aún predominan en nuestras organizaciones, y se bosquejan las nuevas tendencias que están guiando estos cambios.

La situación actual

En el mundo moderno las empresas enfrentan cada día nuevos desafíos. Para sobrevivir hay que desarrollar una gran capacidad de cambio y adaptación al entorno. El paso de economías protegidas a un mundo globalizado impone nuevos retos. La principal consecuencia de la globalización ha sido el incremento de la competencia y con ella la necesidad de producir bienes y servicios que satisfagan las necesidades actuales y potenciales de los clientes, aumentando continuamente su calidad y su diferenciación de los de la competencia. Igualmente hay que disminuir constantemente los costos, sin alterar la calidad, para poder ser competitivos. La globalización abre nuevas oportunidades en mercados cada vez más amplios y para aprovecharlas las empresas deben recurrir a estrategias impensables en otros tiempos, como las fusiones y las alianzas estratégicas entre competidores.

La aceleración de los cambios, especialmente los tecnológicos, sin dejar atrás los políticos y sociales, impone la necesidad de innovar continuamente para adaptarse y aún adelantarse a dichos cambios. La popularización de Internet, la comunicación satelital y el desarrollo de la computación personal, han introducido formas diferentes de operar. Hoy en día las empresas necesitan más una presencia virtual, que una presencia física. No es tan importante su dirección, pero es imprescindible su sitio web. Empresas como Amazon son un ejemplo de ello.

Por otra parte, el consumidor ha descubierto su poder como cliente y cada día se vuelve más exigente, no solo en cuanto a las características del producto, sino también en cuanto a la prestación de los servicios, aún cuando estos sean un componente menor del producto. La atención al cliente ha pasado a ser un aspecto tan importante para las empresas como la calidad misma del producto. Este despertar, exigiendo sus derechos, forma parte de una tendencia hacia la humanización de las relaciones económicas. El cliente ha descubierto que él es el verdadero jefe de la empresa, ya que la puede cerrar simplemente acudiendo a un competidor.

A su vez, la mentalidad del empleado moderno ha cambiado. Las características de lo que los psicólogos sociales llaman "el contrato psicológico", entre la empresa y el trabajador, se han alterado. El empleado del siglo pasado buscaba predominantemente la estabilidad a cambio de su lealtad a la empresa. Nuevas generaciones crecieron viendo a sus padres perder sus puestos de trabajo y comprendieron que su valor como empleado no está únicamente en la empresa, sino en el mercado laboral, lo cual significa que una persona no sólo debe prepararse para desarrollar una carrera en la empresa, sino también para ser reempleable y valioso en el mercado y aún para entrar en el mismo como empresario.

Frente a la diferenciación clásica de empleado de "cuello blanco" y de "cuello azul", los avances tecnológicos han hecho surgir una nueva categoría, cada vez más importante: el "knowledge worker" o empleado de "conocimiento", más valioso, más independiente y cada vez más numeroso

---

Frente a la clásica diferenciación de "empleados de cuello blanco" (ejecutivos) y "empleados de cuello azul" (obreros), los avances tecnológicos han hecho surgir un tercer tipo de empleados, cada vez más mayoritarios en las empresas, que Drucker denominó "knowledge workers" o "empleados del conocimiento", que poseen los conocimientos que realmente necesita la empresa para ser competitiva y que aspiran tener una participación más activa en la gestión empresarial y en la toma de decisiones. Sus conocimientos los hacen valiosos en el mercado laboral, por lo cual su lealtad a la empresa es menor y su movilidad mayor. Son más independientes y reacios a someterse a disciplinas excesivas, de la empresa o del sindicato.

La dirección a su vez comienza a percatarse de la importancia real que tiene para la empresa incrementar la participación de sus trabajadores en el análisis de los problemas y en la toma de decisiones, y la necesidad del trabajo en equipo para aumentar la productividad. De la misma manera está tomando conciencia de que sin empleados motivados y adiestrados no pueden existir clientes satisfechos.

Resistencia al cambio y realismo pragmático

Como actores de un cambio de época, las organizaciones modernas se encuentran en la adolescencia organizacional, donde se están desprendiendo de algunas características del pasado y conservando otras, para desarrollar nuevas características que le permitan adaptarse a un entorno dinámico y cambiante.

No todas las organizaciones han alcanzado las mismas etapas, ni todas están en la misma situación. Al igual que los adolescentes, muchas no entienden todavía la necesidad de cambiar, especialmente aquellas que fueron exitosas en el pasado y que añoran las condiciones de otros tiempos. En este ambiente coexisten las viejas estructuras con los nuevos modelos. La mentalidad de los líderes juega un papel decisivo en la supervivencia y desarrollo de las organizaciones, pero el reto no es fácil. Estamos desafiando concepciones que tienen raíces profundas en el pasado y que se fundamentaron en principios organizacionales que tuvieron éxito por cientos de años en el ejército y la Iglesia.

Sin embargo la realidad es terca. La globalización alcanza a países como China, donde era impensable, hace cuarenta años, que fuera un socio comercial importante de sus rivales occidentales. Los cambios tecnológicos se aceleran independientemente de cómo reaccionen las organizaciones y los países. Gigantes de otra época como Exxon e IBM se ven obligados a reestructurarse para adaptarse. Lo mismo ocurre a

---

nivel de las naciones. El realismo y el pragmatismo comienzan a dominar la escena. Frente a las crisis no se busca la respuesta en la teoría sino en la práctica. "Olvídense de Adam Smith y hagan lo que funcione" decía un artículo de la revista Newsweek (27 de octubre de 2008) al comentar la intervención parcial de los bancos por parte del gobierno norteamericano, ante la crisis económica de 2008. También recordaba el proverbio que popularizó el dirigente comunista Deng Xiaoping, al final de los años 80, cuando abandonó la ortodoxia socialista para efectuar reformas de tipo capitalista que permitieron impulsar la economía china: "no importa si el gato es blanco o negro, mientras que cace ratones, es un buen gato".

La crisis del modelo burocrático

La empresa tradicional del siglo pasado, inspirada en su organización en el ejército y la Iglesia, utilizó como modelo fundamental el organigrama, donde se describe la estructura organizacional de la empresa y las relaciones de jerarquía, autoridad y responsabilidad entre los puestos. Como complemento está la descripción del cargo, que sirve tanto de orientación para el empleado en cuanto a las tareas que debe desempeñar, como de guía a su supervisor en la detección de las necesidades de adiestramiento, en la evaluación de la actuación y en la administración salarial. Para esto es necesaria la evaluación de dichos puestos, con el fin de determinar su importancia relativa dentro de la organización y por consiguiente el nivel de remuneración que se debe pagar para mantener la equidad interna. También sirve para la planificación de carrera dentro de la empresa y la preparación de los planes de desarrollo de personal.

En cuanto a la finalidad de la empresa, originalmente predominó una concepción mecanicista, propia del nacimiento de la empresa moderna con la Ford, donde su propósito se comparaba con el de un vehículo y era el de servir a su dueño. Los componentes de ese vehículo, incluyendo el personal, se veían como piezas que debían cumplir cada una una función específica, para la cual estaba destinada.

Posteriormente, cuando las empresas aumentaron en complejidad, se puso de moda la concepción orgánica, donde se las comparaban con seres vivientes, constituidos por órganos especializados que cumplían determinadas funciones y que debían cooperar entre sí para que el organismo sobreviviera y se desarrollara. Gran parte del vocabulario que usamos en las organizaciones proviene de esa concepción, como por ejemplo, órganos, funciones, salud organizacional entre otros. En esta concepción la empresa adquiere un fin propio: sobrevivir y crecer.

Al acelerarse los cambios en el entorno, el modelo vertical no tuvo capacidad de respuesta

El modelo vertical de empresa, representado por el organigrama y acompañado de la descripción de cargos, tenía como premisa subyacente que la mejor forma de controlar los resultados era controlando a la gente, como ya habíamos mencionado. Fue de gran utilidad en la gestión mientras el entorno permanecía estable y la organización de la empresa era previsible. Al acelerarse los cambios en el entorno, especialmente los tecnológicos, las empresas se vieron precisadas a reaccionar mediante reestructuraciones continuas y cambios en las actividades. Con cada reestructuración se volvían obsoletos los organigramas y las descripciones de puestos, así como las evaluaciones de cargo y la planificación de carrera del personal.

Todas estas nuevas realidades obligaron al diseño de estructuras de transición en gran parte de las empresas, y en muchos casos a experimentar, por el método de ensayo y error, nuevas propuestas que permitieran su supervivencia. En estos momentos nos conseguimos en esa etapa. El siglo XXI se inicia con más preguntas que respuestas. Sobreviven las estructuras antiguas junto con las nuevas edificaciones. Todavía no hay respuestas definitivas, pero si hay un conjunto de experiencias que han producido resultados sorprendentes en una gran cantidad de empresas. Sin embargo, para analizarlas es necesario utilizar un modelo alterno al modelo burocrático, que nos permita comprender y organizar las nuevas realidades, para poder manejarlas. Este modelo lo veremos en el siguiente capítulo.

CAPÍTULO IV

NUEVOS MODELOS PARA NUEVAS REALIDADES

En este capítulo se describe el modelo sistémico de empresas e instituciones (ESE) y su aplicación práctica a nuestra empresa en particular.

De la concepción vertical a la concepción horizontal de la empresa

La llegada de compañías japonesas más competitivas, puso de relieve la necesidad de cambiar tanto el modelo, como la concepción de la finalidad de la empresa. Quedó de relieve que las empresas no funcionan verticalmente, sino horizontalmente. En esencia una empresa lo que hace es desarrollar un conjunto de actividades (que por simplicidad agrupamos en procesos), para producir productos y servicios. En la realización de este conjunto de actividades intervienen insumos, equipos, personas, infraestructura física y otros elementos, que deben cooperar entre sí para lograr la finalidad. La coordinación de estas actividades es más eficiente si se realiza horizontalmente, para lo cual hay que redefinir no sólo las estructuras organizacionales, sino también la forma de interrelacionarse las personas y el rol que deben cumplir. La hipótesis subyacente es que la manera más eficiente de controlar los resultados es controlando los procesos, no las personas. La dirección tiene la responsabilidad fundamental de estructurar y controlar los procesos. Es quien trabaja sobre los procesos. Los empleados trabajan dentro de los procesos. Más del 90% de las fallas en los resultados provienen de procesos mal estructurados o controlados, menos del 10% es atribuible a fallas de los trabajadores.

La concepción sistémica de empresas e instituciones

Las dificultades del modelo burocrático para adaptarse a las nuevas realidades han propiciado una reconceptualización de la empresa y de su finalidad, y ha derivado en la elaboración de nuevos modelos para poder gestionarla. Diferente a las concepciones mecanicista y organicista, este nuevo enfoque considera a la empresa como un sistema complejo y abierto, destinado a satisfacer un conjunto de expectativas y necesidades de diversos actores integrantes de un sistema mayor, que es la sociedad donde opera, a través del suministro de bienes y servicios que satisfagan o excedan dichas expectativas, mejor que otros bienes y servicios provenientes de los competidores.

> **La hipótesis subyacente en los nuevos modelos es que la mejor manera de controlar los resultados de la empresa, es controlando los procesos, no las personas**

Un sistema es un conjunto de componentes interdependientes que trabajan conjuntamente para lograr un propósito. Cuando lo analizamos desde un punto de vista empresarial, un sistema implica no sólo el conjunto de procesos y de interacciones de personas y equipos para generar un producto, sino también la continua revisión y mejoramiento de dichos procesos para mantener su vigencia, mediante el análisis de: los cambios en las necesidades, el cumplimiento de los procesos, la calidad del producto y la satisfacción de los clientes de dicho sistema.

> **La pregunta de ¿Cuál es el negocio de los negocios? ahora tiene una respuesta diferente**

Esta nueva concepción tiene profundas repercusiones y obliga a las empresas a reexaminar sus paradigmas y su misma razón de ser. La vieja pregunta acerca de ¿Cuál es el negocio de los negocios?, ya no recibe la respuesta de años anteriores de que el negocio de los negocios son los negocios, y por el contrario las empresas van comprendiendo que no basta con satisfacer las expectativas y necesidades de los consumidores. Adicionalmente debe asumir su responsabilidad social empresarial y el crecimiento individual de sus miembros. De la misma manera, para poder desarrollar competitividad hay que reevaluar las relaciones con antiguos competidores y establecer formas de cooperación para poder satisfacer mejor las necesidades del público. Cada día se populariza más el término "coopetencia" para expresar la cooperación entre posibles competidores en beneficio de los clientes. Esto ha llevado a una serie de alianzas estratégicas, fusiones y adquisiciones, para poder sobrevivir.

El Enfoque Sistémico de Empresas e Instituciones (ESE)

Para respaldar esta conceptualización y poderla utilizar en la gestión estratégica de empresas, necesitamos un modelo. Como mencionamos anteriormente la forma de manejar la realidad empresarial es a través de modelos. Un modelo es una representación que nos permite acceder a una realidad compleja de una manera tal que simplificamos, u obviamos, los elementos menos importantes de esa realidad, para destacar aquellos, que por su relevancia, permiten interpretar mejor lo que necesitamos conocer, para alcanzar un determinado fin.

Cuando por ejemplo hacemos un mapa de una ciudad, representamos sus calles y avenidas con la finalidad de llegar a un determinado sitio. Dependiendo de nuestras necesidades podemos agregar más elementos (como por ejemplo las rutas de autobuses o del metro) haciendo el modelo más complejo, pero también más útil.

Intentar manejar una organización sin un modelo es como tratar de construir una casa sin un plano. La importancia de los modelos en las organizaciones radica en que suministran una concepción organizacional que permite analizar la forma de gestionar las empresas e instituciones y facilita la toma de decisiones, especialmente cuando el mismo es compartido por sus directivos y personal clave, momento en que se transforma en un paradigma. En este sentido no es importante que un modelo sea verdadero o falso, sino su grado de utilidad para conseguir los propósitos de la organización. Esta utilidad dependerá de la adaptación del modelo a la realidad para la cual fue creado. Un modelo puede ser muy útil para una determinada realidad y perder su valor cuando la misma cambia. El seguirlo utilizando cuando ha perdido su valor puede tener repercusiones peligrosas para cualquier empresa u organización. En todo caso debemos recordar que el mapa no es el territorio (como dicen los que practican la programación neurolingüística) y podemos representar una misma realidad con diferentes modelos, según sean nuestros objetivos.

En el Centro de Investigación, Educación y Desarrollo Estratégico (CIEDE), hemos desarrollado el modelo denominado Enfoque Sistémico de Empresas e Instituciones (ESE) para apoyar los análisis que hacemos en la gestión estratégica de empresas. Este modelo se deriva de diversas fuentes, en especial del modelo proveedor-insumo-proceso-producto-cliente, de ISO 9000, al cual se le han integrado otros elementos propios del desarrollo de la estrategia en las empresas. Su fuerza radica en la visualización que hace de la empresa como un sistema, que a su vez forma parte de un sistema mayor, del cual obtiene insumos, que transforma en productos y servicios, que van a satisfacer expectativas y necesidades de otros componentes del sistema mayor, al cual denominamos "clientes" o personas interesadas ("stakeholders") y que es influida por un entorno que cambia continuamente y con el cual debe mantener ciertos equilibrios para sobrevivir y progresar.

El modelo ESE viene a constituir un mapa estratégico que nos guía en la evaluación y gestión estratégica de las empresas. En su forma más sencilla tiene la siguiente representación:

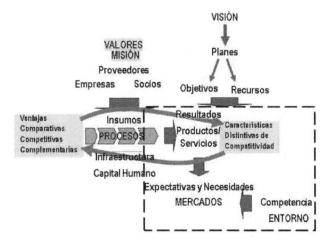

El Enfoque Sistémico de Empresas e Instituciones es un modelo que concibe a cualquier empresa u organización como un sistema abierto destinado a satisfacer un conjunto de expectativas y necesidades de un público (al que llamaremos "clientes", en una acepción amplia, que comprende lo que en inglés se denomina stakeholders: accionistas, socios, consumidores, trabajadores vistos como un conjunto, comunidad, estado, etc.), a través del suministro de bienes y servicios a determinados segmentos del mercado para satisfacer o exceder las expectativas y necesidades de dicho segmento, mejor que otros bienes y servicios provenientes de los competidores, produciendo a la vez otros resultados deseados o requeridos por el resto de los "clientes" (stakeholders).

Características básicas de calidad y características distintivas de competitividad

Para lograrlo, estos bienes y servicios deben tener unos determinados atributos o características: las características básicas de calidad (**CBC**), que son aquellas que permiten su uso de una manera segura y adecuada a su finalidad, y que además son comunes a productos similares en el mercado, y otras que denominaremos características distintivas de competitividad (**CDC**), que los diferencian de los productos de la competencia, y son apreciadas por los consumidores de una forma tal que los hacen preferidos por encima de los otros productos similares de la competencia, y que como veremos más tarde, provendrán de las ventajas comparativas, competitivas o complementarias, que tenga o desarrolle la empresa o institución, y de los procesos que posibilitan transformar esas ventajas en características distintivas de competitividad.

Ventajas comparativas, competitivas y complementarias

Una ventaja es un factor que posee una empresa, que le permite generar productos y/o servicios con características distintivas de competitividad. Por ejemplo, el poseer una patente constituye una ventaja que le permite a una empresa generar un producto único en el mercado. Las ventajas pueden ser comparativas, competitivas o complementarias.

Por ventajas comparativas vamos a entender, en este trabajo, aquéllas ventajas que tiene la empresa sin haber hecho nada para lograrlas, ya que generalmente vienen dadas por su ubicación misma en el país donde ópera o por su procedencia. Por ejemplo, una empresa, por el solo hecho de estar en Venezuela, obtiene energía barata, salida al mar, facilidades de exportación, y otras similares.

Por ventajas competitivas vamos a entender aquellas ventajas que desarrolla la empresa en el transcurso de sus operaciones. Por ejemplo, la empresa Polar, al desarrollar sus mercados de cerveza en el país, creó canales efectivos de comercialización que le permitieron posteriormente ampliar el negocio a la venta de productos alimenticios y refrescos.

Por ventajas complementarias vamos a entender aquellas que la empresa posee pero que no le permite generar productos o servicios con las características distintivas de competitividad requeridas en los mercados sino cuando se une con otro actor que posee otra ventaja que la complementa. Esta unión puede venir por acuerdos temporales, por creación de nuevas empresas mixtas, por fusiones, adquisiciones o por "join ventures". Por ejemplo, el acuerdo de distribuir Pepsicola a través de Polar, unía una ventaja de Polar (canales de comercialización) con una de Pepsicola (el prestigio de la marca y su mercado previo en el País) que por separado no creaban las características distintivas de competitividad requeridas en el mercado de los refrescos, pero que al unirse si permiten la captura de un segmento de dicho mercado.

Valores y misión

Los valores constituyen los principios éticos por los cuales se rige la empresa. Son el componente más importante de la cultura organizacional y de ellos se derivan las políticas, las normas, los ritos y los demás elementos que en su conjunto determinan la cultura de una organización. Son los si-si y los no-no de una empresa, lo que la organización debe hacer así el entorno propicie lo contrario y lo que no debe hacer así el entorno lo favorezca. Son principios que guían la conducta de los miembros, independientemente de los objetivos, y por consiguiente son más permanentes en el tiempo. Sirven de guía en casos de crisis, para proporcionar capacidad de respuesta al entorno y de cohesión interna. En la empresa moderna se reconoce su importancia como ventaja competitiva, ya que contribuyen a crear confianza en los clientes y motivación en los trabajadores, dos características distintivas de competitividad en muchas empresas.

Por el contrario, la misión, definida como la razón de existencia de una empresa, adquirió una importancia fundamental en los años 60, cuando se inició la planificación estratégica tradicional, basada en el modelo de economía centralizada, que obligaba a establecer sus límites de actuación. Con el tiempo ha perdido el significado que originalmente tuvo, y es frecuente que muchas empresas cambien su misión para aprovechar oportunidades de mercado o explotar ventajas adquiridas. 3M, Corning y muchas otras empresas son un ejemplo. Algunos autores consideran que la misión es una reminiscencia del pasado y que simplemente es un adorno que se lleva como la corbata, sin tener una utilidad específica.

Sin embargo, a la luz de los nuevos enfoques, cumple determinados propósitos. El primero es un propósito estratégico: definidas las necesidades de los mercados y las ventajas de la empresa, cabe cuestionarse cuál es su verdadera razón de existencia, y si realmente está utilizando sus ventajas para producir la propuesta de valor más eficaz para satisfacer las expectativas y necesidades de los segmentos a los cuales desea llegar. Un segundo propósito es el de servir como instrumento de alineación interna, para recordar a sus directivos, y a su personal, la importancia de no desviarse de los fines establecidos por sus accionistas o propietarios. También puede cumplir una finalidad de publicidad ante el mercado, para destacar lo que distingue a la empresa de otros actores o competidores. Igualmente puede indicar a los posibles accionistas o inversionistas, las características competitivas de la misma.

Lo que sí debe evitarse es que la misión se convierta en una camisa de fuerza que restrinja las oportunidades de la empresa, o coarte el pensamiento creativo, impidiendo la identificación de nuevas posibilidades en el entorno.

Los procesos y la infraestructura

La única manera que tienen las empresas de aprovechar sus ventajas comparativas competitivas y complementarias, para producir bienes y servicios con las características distintivas de competitividad **(CDC)** que satisfagan o excedan las expectativas y necesidades del mercado, y los hagan preferidos a los de los competidores, es mediante la ejecución de una serie de procesos. Un proceso es la transformación de un insumo en un producto añadiéndole un valor, mediante el concurso de materiales, equipos, tecnologías y sobre todo de personas. Estos insumos son suministrados por proveedores. Los procesos deben aprovechar las ventajas comparativas, competitivas y complementarias para traducirlas en CDC. Cuando los procesos producen resultados consistentes, se dice que están bajo control. La importancia del control estadístico de los procesos fue uno de los grandes aportes del movimiento de calidad total. El cambio de foco de personas a procesos, para controlar los resultados, provee una manera de analizar a la empresa que permite garantizar una calidad consistente. Si los procesos no tienen la capacidad para producir los resultados necesarios, es preciso rediseñarlos. Para ello es necesario, en muchas ocasiones, modificar la infraestructura física o tecnológica de la empresa.

El capital humano

La empresa moderna tiende a diferenciar lo que son los recursos humanos de lo que es el capital humano. Una empresa tiene capital humano, cuando su personal posee la capacitación y la motivación requerida para operar eficientemente los procesos, aprovechando las ventajas, para producir los productos y servicios, y los demás resultados requeridos por otros actores, con las características distintivas de competitividad (CDC), que los hagan preferidos por los públicos a los cuales van dirigidos.

Proveedores y "Clientes"

Por proveedores vamos a entender los entes que suplen productos y servicios utilizados en los procesos, y que son externos a la empresa (internamente en los procesos también existen proveedores y clientes internos). Los principales proveedores están constituidos por empresas, pero también pueden ser socios de la empresa. Por clientes vamos a entender a todos los entes externos que reciben productos o servicios de la empresa. Dentro de las diferentes categorías de "clientes" los más importantes son los consumidores que pagan por los productos o servicios en el mercado, pero también vamos a incluir los accionistas que reciben dividendos a cambio de su inversión y los trabajadores que reciben una compensación, y otros beneficios, a cambio de su aporte en el proceso productivo. No obstante, existen otras categorías de clientes tales como: autoridades gubernamentales que reciben aportes como el del I.S.L.R., o información como el Ministerio del Trabajo, Instituciones no gubernamentales que reciben aportes e información de la empresa (ej. : universidades, instituciones de beneficencia, etc.) y la comunidad misma, especialmente en las áreas de operación de la empresa.

Planes, objetivos, recursos y visión

De las estrategias que desarrollen quienes dirijan la empresa, y de su efectividad ante los cambios del entorno, se logrará el posicionamiento de la misma en determinados públicos, en un período de tiempo dado (usualmente mayor de un año). Por consiguiente, será necesario establecer un conjunto de objetivos clave y traducirlos en planes estratégicos que obviamente requerirán recursos diversos: financieros, tecnológicos, humanos, y otros similares. Sin embargo la única manera de alcanzar esos objetivos y esa visión es mediante el suministro de bienes y servicios que cumplan con las condiciones antes expresadas. La descripción de ese posicionamiento al que se desea llegar en un período de tiempo constituye la visión. Para definir esa visión, de una manera realista, es mejor tomar como base los objetivos estratégicos y analizar cómo cambiaría la empresa si los mismos se alcanzaran.

Aplicación práctica: el mapa estratégico de nuestra empresa y sus posibilidades

La primera aplicación práctica del mapa estratégico es que nos ayuda a explicitar y a estructurar de una manera sistémica nuestro conocimiento de la empresa. Cuando realizamos asesorías empresariales, lo primero que buscamos es construir un "mapa común" de cómo conciben los directivos y actores claves a su compañía o institución. Para esto, trabajamos primero individualmente con cada uno de ellos, para extraer su percepción de la empresa.

¿A qué segmentos de clientes atiende? ¿Cuáles son las expectativas y necesidades de estos segmentos? ¿Cuál es la competencia y qué produce para satisfacer esas expectativas y necesidades? ¿Qué producimos nosotros? ¿Cuáles son las características distintivas de competitividad (CDC) de nuestros productos y servicios? ¿Qué procesos seguimos para obtenerlas? ¿Qué ventajas tenemos para producirlas? ¿Con qué capital humano contamos? ¿Qué infraestructura física, tecnológica y de otro tipo tenemos? ¿Qué insumos utilizamos? ¿De qué proveedores proviene? ¿Cuál es la misión actual de nuestra empresa? ¿Cuáles son nuestros valores? ¿Qué objetivos tenemos para los próximos años? ¿Dónde deseamos posicionarnos en ese período de tiempo?

Frecuentemente conseguimos que personas, que han trabajado juntos durante un gran tiempo, tienen puntos de vista diferentes en cuanto a la forma de concebir a la empresa, lo cual es explicable, entre otras razones, por el sesgo que impone la formación de cada directivo (por ejemplo, el director de finanzas tendrá una visión más financiera de la empresa, mientras que el de producción estará preocupado por los aspectos técnicos y el de recursos humanos por los aspectos de personal), por la información a la cual tiene acceso y por el tipo de problemas que debe resolver cotidianamente.

De allí la importancia de unificar primero estos criterios, lo cual tiene una repercusión muy positiva en cuanto a la información complementaria que adquiere cada directivo o gerente clave y a la estructuración de su pensamiento en un modelo que le permite manejar mejor las realidades de la empresa.

CAPÍTULO V

LOS FOCOS DEL EMPRESARIO MODERNO

En el capítulo anterior se describió el mapa estratégico que nos puede guiar en el análisis de las empresas de una forma sistémica. En este capítulo se describen las nuevas concepciones empresariales que han surgido como modelo alterno al modelo burocrático, sus fundamentos y su aplicación.

Los nuevos paradigmas

Las nuevas realidades exigen un cambio de mentalidad en los directivos, para desafiar paradigmas que se han introyectado en la mentalidad empresarial durante muchos años, y sustituirlos por nuevos paradigmas más eficientes.

> **Las nuevas realidades exigen un cambio de mentalidad para desafiar viejas creencias obsoletas y sustituirlas por nuevos paradigmas más eficientes**

Estos nuevos paradigmas los podríamos sintetizar en seis grandes aspectos:

El primero es la orientación al cliente. En contraste con lo que había sido la tradición en las grandes empresas, hasta bien avanzado el siglo XX, donde se generaban los productos y servicios y luego se buscaba a quien venderlos (lo que se ha denominado la orientación "product out"), el nuevo modelo se basa en determinar primero cuáles son las necesidades de los clientes y luego en la fabricación de productos, o en la generación de servicios, que satisfagan dichas necesidades (esto se conoce como la orientación "market in"). Incluso hay que adelantarse a esas necesidades, o lo que los japoneses han denominado: explorar las necesidades latentes.

Un segundo aspecto viene dado por la innovación en los productos y servicios. La continua exigencia de satisfacer o exceder las expectativas y necesidades de los clientes, ha obligado a las empresas a innovar, no sólo en cuanto a los productos y servicios mismos, sino también en abarcar una mayor cobertura en la satisfacción de las necesidades de los clientes, acudiendo a alianzas estratégicas con empresas complementarias y aún con competidores, para crear sinergia y amplitud en la gama de productos y servicios destinados a ese propósito. Uniones entre tiendas por departamentos y empresas de suministro de gasolina, para que el cliente pueda llenar el tanque de su carro de combustible cuando va a comprar en la tienda, la incorporación de salones de belleza en los aviones, para que las mujeres ejecutivas puedan peinarse y maquillarse, mientras viajan a una reunión de negocios, y otros casos, son ejemplo de estas nuevas tendencias.

Un tercer aspecto es el resurgimiento de la planificación estratégica. La aceleración de cambios en el entorno ha obligado a las empresas a desarrollar mayor anticipación, pero además a ampliar su capacidad de adaptación mental a diversos escenarios. Como lo destaca De Geus, el producto principal del proceso de planificación estratégica no son los planes, sino el cambio de mentalidad de quienes deban ejecutarlos, y esto incluye la rapidez de respuesta ante cambios drásticos en el entorno.

Un cuarto aspecto lo conseguimos en el diseño y control de los procesos. La empresa burocrática prestaba más atención al diseño de los puestos de trabajo que al diseño de los procesos. De allí la importancia que le daba a la especialización del individuo, a la evaluación individual y a tener personas capaces de "llevarle un mensaje a García". El movimiento de calidad japonés cambió ésta perspectiva, centrando la responsabilidad por los resultados en el diseño de los procesos y en las interrelaciones entre los mismos. Si los procesos no tenían la capacidad para obtener los resultados deseados, de una manera consistente, no podían atribuirse las fallas a los trabajadores. Por consiguiente la responsabilidad mayor pasa a los gerentes, que son los que pueden cambiar los procesos, y de allí la importancia de su diseño y control. También supone cambios en las estructuras organizacionales para crear el control horizontal, en lugar del vertical propio del modelo burocrático, y poder romper las barreras interdepartamentales.

Un quinto aspecto, consecuencia del anterior, lo constituye el mejoramiento continuo de los procesos, el cual es efectuado por todos los niveles de la organización y utiliza el aprendizaje obtenido para redefinir un nuevo proceso mejorado, que permite mayores niveles de calidad a menores costos. Éste mejoramiento puede ser radical como lo pregonó el movimiento de reingeniería de procesos o progresivo, como lo prefiere el movimiento de calidad japonés, y aún combinados, como lo establecen las nuevas tendencias americanas como Six- Sigma

Un último aspecto que hay que resaltar es el cambio en la gestión del capital humano, para pasar del trabajo individual al trabajo en equipo, del mando jerárquico al compromiso de grupo, de la decisión centralizada a la delegación, de la especialización en el puesto a la capacitación en el proceso, de la responsabilidad individual a los resultados de grupo, a nuevas concepciones de liderazgo y a la definición de formas diferentes de incentivos y recompensas. De allí la importancia de la participación de todos los empleados en los procesos de planificación, gestión y mejoramiento continuo de productos, servicios y procesos. Como lo han señalado algunos autores, la empresa moderna descubrió que con cada par de manos que contrataba, venía un cerebro gratis, que se podía utilizar para incrementar la competitividad.

Estos cambios de paradigma son relativamente sencillos. Como lo destaca Kobajashi al comentar el famoso libro americano "En búsqueda de la excelencia": "Las llamadas ocho prácticas encontradas en las empresas de alto desempeño... no fueron sorpresa para nosotros, eran más basadas en sentido común que en magia....Pero la ironía del argumento es que la habilidad de poner el sentido común en acción, es más fácil decirla que hacerla".

La gestión empresarial

Podemos concebir la gestión empresarial a través de un símil con lo que sería un tractor de tres ruedas, empujando la carreta del progreso de los pueblos, pero moviéndose en un terreno desconocido. El terreno viene a representar el entorno, donde tenemos oportunidades y amenazas, algunas de las cuales podemos visualizar, especialmente a corto plazo, pero donde, en muchos casos, ocurren circunstancias imprevistas ante las cuales debemos tomar decisiones que pueden representar la supervivencia y el éxito de la empresa, o su fracaso. Estas oportunidades y amenazas vienen condicionadas por los factores y los actores que en ese entorno pueden afectar a la empresa (positiva o negativamente). De allí la importancia de comprender como analizar dicho entorno y además y cómo influir sobre el mismo para maximizar el aprovechamiento de las oportunidades que presenta y minimizar los riesgos.

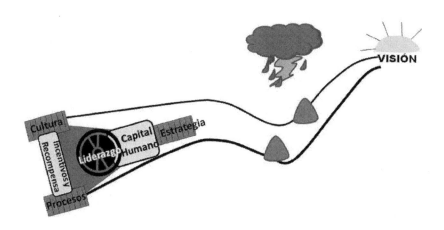

Para hacerlo debe ser capaz de alcanzar su máximo rendimiento, para lo cual hay que prepararlo. Primero debemos comenzar por las tres ruedas que permiten su desplazamiento. La rueda delantera representa la estrategia, ya que hacia donde se dirija se dirigirá el resto del vehículo. Esta rueda es accionada por la Dirección quién determina el curso de la estrategia. El liderazgo, juega un rol fundamental. Las otras dos ruedas vienen representadas, una por la efectividad operacional en los procesos y sistemas con los cuales opera, los que deben ser optimizados y mejorados continuamente, y la otra por la cultura organizacional, es decir, por el conjunto de valores, políticas, normas, prácticas, ritos y símbolos que tiene una organización, la cual es creada por su capital humano, que viene a ser el motor de cualquier empresa. La gasolina que mueve a ese motor viene dada por el sistema de incentivos, reconocimiento y recompensa existente en la organización.

> **La gestión estratégica de la empresa tiene tres focos de atención prioritaria, que constituyen el triangulo de la competitividad: estrategia, eficiencia en los procesos, y capital humano y cultura organizacional**

Para que el vehículo tenga una máxima eficiencia se requiere que exista una alineación en sus tres ruedas: estrategia, procesos, y cultura y capital humano. No basta con que la rueda delantera apunte en la dirección correcta si las otras dos ruedas no la acompañan. De igual manera, si sólo una de las otras dos ruedas se alinea con la estrategia el vehículo tenderá a trabarse. El impulso del vehículo lo da su motor. Para ello, se requiere que el motor de la empresa, es decir su capital humano tenga las competencias y la motivación necesaria para hacerlo. El sistema de incentivos, reconocimiento y recompensa aportará el combustible requerido para mantener en movimiento al vehículo.

El triángulo de la competitividad

Las nuevas tendencias indican los principios para diseñar y operar este vehículo con máxima eficiencia. Estas nuevas tendencias las podemos agrupar en tres focos clave para la gestión estratégica de la empresa y el incremento de su competitividad: la estrategia, la efectividad organizacional, y el capital humano y la cultura organizacional.

Frente a un entorno que cambia aceleradamente, los directivos han comprendido la importancia de prestar mayor atención a las implicaciones de estos cambios y a las repercusiones que los mismos pueden tener para sus empresas, no sólo en el presente sino en el futuro. De allí la relevancia de la formulación de estrategias robustas para la corporación y la necesidad de desarrollar mayor capacidad de anticipación y respuesta en la implementación de las mismas, así como de la creación de la flexibilidad y agilidad requeridas para cambiar el rumbo, cuando las circunstancias lo aconseje.

En un ambiente cada vez más competitivo, se necesitan nuevas formas de estructuración de las actividades de la corporación, para producir más eficientemente los productos y servicios demandados por los clientes para satisfacer sus expectativas y necesidades, lo cual implica, conocer cómo reestructurar los procesos y crear un sistema de mejora continua de los mismos.

Ante las nuevas realidades organizacionales, el capital humano adquiere una preponderancia mayor que en los años anteriores. Se imponen nuevas formas de liderazgo y de gestión estratégica del mismo, que incluyen su planificación, capacitación y las formas de retenerlo y motivarlo.

Igualmente las empresas comienzan a comprender la importancia la cultura organizacional como ventaja competitiva, tanto como factor de cohesión interna, como factor de diferenciación externa ante clientes y mercados. Esta cultura organizacional tiene diferentes facetas integradas, tanto en el manejo de la estrategia, como en el de los procesos y en la gestión del capital humano. En este sentido la cultura viene a ser una especie de "pegamento" que los une y los integra. En los capítulos siguientes discutiremos cada una de estas áreas.

CAPÍTULO VI

EL FOCO ESTRATÉGICO

En este capítulo se discute lo que es estrategia, su utilidad, la evolución del concepto de planificación estratégica, las tendencias estratégicas modernas y su aplicación en nuestras empresas.

El origen de la estrategia en las empresas modernas

La necesidad de planificar en las empresas no se manifestó hasta bien avanzados los años 50 del siglo pasado. La carestía de productos y servicios existente después de la Segunda Guerra Mundial hacía que los mercados fueran tolerantes a las ineficiencias, que los consumidores se resignarán a aceptar lo que se les suministraba y que los accionistas no las pudieran (y a veces no las quisieran) detectar. El entorno se mantenía casi artificialmente estable, en el ámbito soviético, mediante la supresión de la competencia, y en el ámbito occidental mediante el establecimiento de monopolios u oligopolios que controlaban la entrada de nuevos competidores.

Este ambiente ofrecía condiciones propicias para la rápida expansión de las empresas, pero se requería optimizar y ordenar esa expansión para lograr mejores resultados. El desarrollo de las grandes corporaciones y su internacionalización, en esa época, incrementó la complejidad de su funcionamiento y obligó a buscar esquemas que permitieran su crecimiento de una manera predecible. En el momento de hacerlo se adoptó un modelo lineal, basado en la predeterminación del futuro, que había funcionado muy bien en la órbita soviética, y había permitido su desarrollo como potencia mundial.

Este modelo estaba caracterizado por separar a los planificadores de los ejecutores. Ya Alfred Sloan, el legendario conductor de GM, había señalado en su libro "Mis Años con

GM" la importancia de separar un grupo de personas que fuera de los problemas del día a día, se dedicaran a pensar en el futuro de la empresa. Adicionalmente comprendía la realización de la planificación basada en la predicción del futuro, mediante planes que abarcaban un determinado período de tiempo, en el cual se debían alcanzar determinados objetivos. .Para ello, cada empresa debería cumplir con una determinada misión y cada organización dentro de la empresa debía alcanzar una porción de metas que al unirse permitían alcanzar el objetivo. Siendo el entorno estable y controlado, el análisis del pasado permitía proyectar el posicionamiento del futuro. La estrategia consistía en determinar los medios adecuados para alcanzar los objetivos, programarlos y ejecutarlos.

La evolución de la estrategia

Lo que fue válido durante las primeras seis décadas del siglo pasado dejó de serlo frente a los cambios cada vez más acelerados del entorno. Las grandes empresas que habían establecido departamentos de planificación estratégica constataban lo rápido que los planes elaborados dejaban de tener vigencia. Hacia los años 60 el Grupo Royal Dutch Shell había estado desarrollando una nueva técnica de planificación denominada "planificación por escenarios", bajo la conducción del francés Pierre Wack. Esta técnica desafió la premisa fundamental del paradigma existente de que era posible predecir el futuro y la sustituyó por la premisa contraria: el futuro no se puede predecir y es peligroso tratar de hacerlo. Lo que sí se puede hacer es elaborar escenarios acerca de posibles futuros extremos y si estamos preparados para enfrentar dichos escenarios, estaremos preparados para enfrentar el mundo real. La técnica probó su utilidad en la práctica al anticipar diversas crisis petroleras y su aplicación llega a nuestros días. La enunciaremos con más detalle, en la tercera parte de esta obra.

También en los años 70 comienza a comprenderse la importancia del posicionamiento de los negocios en los mercados, primero con la matriz desarrollada por el Boston Consulting Group (BCG), que ubicaba a los negocios según el grado de crecimiento del mercado y según su índice de participación, en estrellas, vacas lecheras, perritos e interrogantes, perfeccionada posteriormente por el grupo McKinsey, en su matriz de 9 x 9. Éste último grupo igualmente populariza la estructuración de las grandes empresas en Unidades Estratégicas de Negocios. Asimismo se comienza a utilizar la técnica de FODA (fortalezas, oportunidades, debilidades y amenazas) para establecer la estrategia.

La llegada a occidente del movimiento de calidad total en los años 80 trajo consigo nuevas concepciones empresariales, pero en especial dos de particular importancia en la definición de la estrategia de las empresas: el enfoque al cliente y el mejoramiento continuo de los procesos. La empresa tradicional se había preocupado por producir primero y buscar los clientes después. Es el enfoque denominado: "product out" donde se definía a un buen vendedor como aquel capaz de vender cubitos de hielo a los esquimales. El nuevo enfoque del movimiento de calidad total se centra primero en averiguar las necesidades del cliente, actuales o latentes, para luego generar los productos o servicios que las satisfagan. Es el enfoque denominado: "market in". Por su lado, la mejora continua de los procesos se traduce en una economía de costos que permite a la empresa ser más competitiva en cuanto a precios.

En los años 80 y 90 un grupo de profesores, especialmente de Harvard y del M.I.T (Instituto Tecnológico de Massachusetts) investigan y escriben sobre diversas formas de establecer e implantar la estrategia en las empresas, de una manera eficiente. El profesor Porter populariza el uso de las ventajas competitivas y la cadena de valor. Kaplan y Norton desarrollan el Balanced Scorecard, Hamel trabaja sobre la innovación como arma competitiva.

En esa misma época comienzan a llegar nuevos enfoques desarrollados en Japón, especialmente el uso de técnicas avanzadas como Hoshin Kanri y QFD (Quality Function Deployment), complementadas por las concepciones básicas de calidad total como el principio de Pareto, el análisis de causas raíces y el uso de las siete herramientas de calidad y de las siete nuevas herramientas. De igual manera la planificación estratégica deja de centrarse en organizaciones especializadas y es asumida por la dirección de la empresa, y por el resto de la organización. Se difunde el uso del ciclo PERA (planificar, ejecutar, revisar y actuar).

Qué es estrategia y para qué sirve

El origen de la palabra de estrategia se remonta a la antigua Grecia. Strategos era el general y estrategia la manera como el general lograba ganar una batalla. De allí que, cuando en los años 50 se desarrolló la planificación estratégica empresarial, la palabra estrategia se asoció a los medios utilizados para conseguir un objetivo. No obstante, con la aceleración de los cambios en el entorno y el advenimiento de la globalización, el concepto de estrategia ha venido evolucionando y hoy en día se usa más como sinónimo de posicionamiento valioso y sustentable de la empresa en los mercados, mediante la adquisición, el desarrollo y la expansión de ventajas competitivas.

De esta manera, el pensamiento estratégico tiene más que ver con la forma de identificar, desarrollar o adquirir, y utilizar ventajas competitivas, para aprovechar las oportunidades de un entorno cada vez más dinámico y cambiante, y a la vez minimizar las amenazas producto de las debilidades de la empresa. De allí que en un mundo tan competido, con consumidores cada vez más exigentes, no es extraño que la planificación estratégica pase a ser la herramienta más importante utilizada por las grandes empresas, según la encuesta del consultor Bain.

El estudio de empresas exitosas como Starbucks o Toyota, nos demuestra la importancia de adaptar los movimientos estratégicos a las características particulares de cada empresa, y a la etapa en que se encuentra, guardando un equilibrio entre su desarrollo comercial, financiero y organizacional. El conocimiento del negocio y la evaluación de las potencialidades del entorno, conjuntamente con el análisis de las ventajas y debilidades de la empresa, constituyen el fundamento de una toma de decisiones acertada.

> **El producto principal de la planificación estratégica no es el plan, sino el cambio de mentalidad de la dirección de la empresa**

Sin embargo, como lo señaló De Geus, el producto principal de la planificación estratégica, más que los planes, es el cambio de mentalidad en la dirección de la empresa y el incremento en el conocimiento del negocio y del entorno, para ganar capacidad de anticipación y rapidez, en la generación de respuestas asertivas. La capacidad de aprender más rápido que los competidores viene a ser la única ventaja competitiva sustentable. El desarrollo del pensamiento estratégico dentro de la empresa pasa a tener más importancia que los propios planes, ya que estimula la innovación, permite una mejor alineación del personal y facilita un cambio de rumbo más rápido, cuando el entorno lo impone.

Los obstáculos a la estrategia

¿Por qué si la estrategia es tan vital, una gran cantidad de empresas adolecen de ella? Establecer e implantar estrategias no es una labor fácil como lo pueden atestiguar quienes trabajen en empresas importantes. Para desarrollar estrategias hay que vencer una serie de obstáculos. El primero de ellos es el temor al cambio. Para superarlo es necesario cambiar nuestros paradigmas y entender que lo que fue útil en un momento dado y para un entorno específico, no nos sirve en las actuales circunstancias. El temor al cambio despierta una resistencia natural en las personas, y los directivos de empresa no escapan a ella. Es un paso crítico para la gerencia moderna ya que implica tomar decisiones cruciales, parecidas a la que tomó el famoso jugador Tiger Woods, quien, hace algunos años y siendo el campeón mundial de golf, decidió cambiar su estilo de juego para mantenerse competitivo, como en efecto ocurrió. La decisión es difícil porque supone abandonar la zona de confort empresarial y arriesgarse a adoptar nuevos modelos, con los cuales no estamos aún familiarizados.

A esto se une un segundo obstáculo que es el desconocimiento de cómo hacerlo. En muchas empresas, especialmente en las pequeñas en pleno desarrollo, hay un problema de capacitación en cuanto a las técnicas y metodologías para establecer e implantar la estrategia, Muchas veces se piensa que es muy complicado y que requiere de mucha experticia, cuando en realidad el proceso es relativamente sencillo, pero necesita un cambio de actitud de los directivos.

Un tercer obstáculo es el predominio de lo urgente sobre lo importante. En el nacimiento de las empresas es típico su crecimiento de una manera desordenada, donde todos hacen de todo, y, mientras se va consolidando en el mercado, todas las energías se vuelcan en garantizar la captura de la clientela. Esto crea el hábito de ir resolviendo las cosas según se vayan presentando, sin detenerse a analizar los requerimientos de mediano y largo plazo. Pronto la escasez de tiempo, y de recursos, hace que las cosas urgentes predominen sobre las importantes. Poco a poco les pasa como al leñador que describe Covey, que cada vez cortaba menos árboles porque no tenía tiempo de afilar el hacha.

Un cuarto obstáculo que ocurre en otras empresas, especialmente en aquellas que han sido exitosas, es que se genera en sus directivos lo que algunos llaman la soberbia del éxito. Es la resistencia natural de cambiar la manera de actuar cuando ésta ha producido buenos resultados. Sin embargo, el peor caso es el de las grandes empresas, donde el pensamiento burocrático se instala de una manera tan resistente que impide el análisis de nuevas posibilidades de acción o de cambios de rumbo. La dirección desarrolla a las nuevas generaciones de una manera similar a como se cultivan los hongos: manteniéndolos en una total oscuridad y cortándole la cabeza al que la saque a la luz. Se necesita una fuerte amenaza y un liderazgo decidido para poder conducir cambios en organizaciones de este tipo.

Un quinto obstáculo es la práctica de la "planificación ficticia", que se manifiesta por el manejo de la empresa sin planes o peor aún, aparentando tenerlos. En muchos casos estos planes son inexistentes y la empresa se conduce con la filosofía de aquel personaje de novela, Eudomar, que continuamente repetía "cómo vaya viniendo, vamos viendo". En otros, se hace un ejercicio formal, casi ritual, para establecer un plan totalmente divorciado de la realidad, al cual se le hace poco caso, porque ha sido el producto de la formulación de una serie de buenos deseos, sin evaluar debidamente las oportunidades y amenazas del entorno, los escenarios que pudieran ocurrir y sus repercusiones, las ventajas que la empresa posee y las que debería desarrollar, y los problemas profundos que hay que atacar. Es muy parecido a lo que hacemos los últimos días del año, cuando elaboramos nuestro plan personal y nos proponemos adelgazar, viajar, aprender un nuevo idioma, y otras cosas similares, sin ningún tipo de análisis de prioridades y oportunidades, y peor aún, sin establecer los recursos, especialmente de tiempo y facilidades, para lograrlos.

La esencia de la estrategia

En el capítulo anterior describimos el modelo que nos puede ayudar a analizar y comprender la complejidad de la empresa y representamos ese modelo mediante el mapa estratégico denominado Enfoque Sistémico de Empresa (ESE). El ESE nos muestra las interrelaciones existentes entre los clientes, sus expectativas y necesidades, los productos y servicios para satisfacerlas, las características distintivas de competitividad de los mismos y las ventajas comparativas, competitivas y complementarias necesarias para producirlas, los procesos requeridos para generar los productos y servicios, los insumos, los proveedores, la infraestructura y el capital humano. Todo esto enmarcado en los valores y demás elementos de la cultura corporativa y en la definición estratégica de la misión.

> **La esencia de la estrategia consiste en utilizar las ventajas que la empresa posee, o en adquirir las que requiere, para lograr un posicionamiento valioso, sustentable y preferiblemente único, en los mercados atractivos, mediante la generación de productos o servicios que satisfagan las expectativas y necesidades de los clientes, por encima de los de la competencia**

La esencia de la estrategia consiste precisamente en cómo identificar y utilizar las diversas ventajas que tiene la empresa, para generar productos y servicios con características distintivas de competitividad que satisfagan o excedan las expectativas y necesidades de los clientes, de una manera tal que permita el posicionamiento valioso, sustentable o único de la empresa en los mercados más atractivos para la misma. O, alternativamente, en cómo identificar las características distintivas de competitividad requeridas por el mercado, para, a partir de allí, adquirir las ventajas que permitan generar dichos productos o servicios.

Para ello es requerido tener una apertura mental para poder estar atentos a lo que ocurre en el entorno, y a sus posibilidades y amenazas. Igualmente implica efectuar escogencias claras acerca de cómo competir, como lo señalan Welch y Porter, decidir lo que se debe hacer y lo que no se debe hacer y adecuar las actividades a los objetivos perseguidos, ya que no se puede dar todo a todo el mundo, a pesar del tamaño del negocio o de la disponibilidad de recursos financieros. También, como lo expresa Henderson, supone la identificación de las ventajas competitivas, y la expansión de las mismas. Algunos ejemplos nos pueden servir para aclarar lo anterior.

Ejemplo
Apertura mental a las posibilidades y amenazas del entorno

El primero es el Cirque du Soleil. Fundado en 1984 por un grupo de artistas de la calle, este circo ha sido visto por más de 40 millones de personas en más de 90 ciudades alrededor del mundo. Sus ganancias en 20 años superan a lo que a los grandes circos convencionales les costó más de 100 años. Sus fundadores se percataron de que los circos convencionales estaban declinando debido a las nuevas formas de entretenimiento que hoy tienen los muchachos, tales como videojuegos, y al poder de opinión adquirido por los grupos defensores de los derechos de los animales.

El Cirque du Soleil decidió eliminar los espectáculos de animales, que por lo demás representan un alto costo, así como las tres pistas tradicionales en los grandes circos, que además de distraer la atención de los espectadores obligaba a triplicar el número de artistas en acción. En lugar de esto, realizaron un espectáculo, basado en acróbatas y payasos, pero combinando lo mejor del circo con elementos del teatro, introduciendo mayores comodidades en los asientos para los espectadores, poniendo en escena una producción con trama, con una buena escenografía y danzas espirituales. De esta manera, cada vez que se presenta en una ciudad el espectáculo es diferente.

Ejemplo
Escogencias claras acerca de cómo competir y adecuación de actividades

---

General Electric, es una de las empresas más grandes del mundo y ha sido pionera en muchas formas de respuestas al entorno, tal como la reorganización en Unidades Estratégicas de Negocio en los años 70 o la utilización de Six-Sigma en el presente siglo. Con la invasión de los productos japoneses a comienzos de los años 80, el público había dejado de percibir diferencias en calidad entre diferentes marcas, en algunos productos como televisores, aires acondicionado y otros. Para el público era lo mismo una marca que otra, a la hora de elegir.

Eso hacía que el producto se volviera genérico (lo que en inglés se denomina "comoditización", palabra difícil de traducir al castellano), y la forma de competir en el mercado es a base de precios, donde los japoneses tenían una ventaja competitiva por su optimización de procesos, que repercutía en un costo más bajo de producción. Por consiguiente General Electric desistió de estar en esos mercados y se concentró en productos y servicios donde los clientes apreciarán las características distintivas y mantuvieran su lealtad, tales como desarrollos de alta tecnología en las áreas de potencia, medicina, aviación y locomoción. Esto la llevó a reestructurar, vender o cerrar algunas empresas, para concentrarse en aquellas en las que podía ser el número uno o dos en cada mercado.

Ejemplo
Expansión de ventajas competitivas
Empresas Polar es una compañía centenaria en Venezuela, pero su verdadero desarrollo comienza en los años 40 como productora de cerveza de calidad, lograda por la llegada de un maestro cervecero checo que introduce cambios en la fórmula, adquiriendo de esta manera una característica distintiva de competitividad. Su éxito, no sólo se debió a la calidad del producto, sino a la creación de una red de distribución y comercialización que le permitió llegar a los lugares más recónditos del país. En los años 50 comienza a producir hojuelas de maíz, requeridas como materia prima para la elaboración de cerveza, y aprovecha esta segunda ventaja, en unión a su red de distribución, para desarrollar una división de alimentos, que le permite captar una gran parte del mercado.

De esta manera, las ventajas iniciales, destinadas a su posicionamiento como cervecera, se expanden. En los años 90, aprovecha el conocimiento desarrollado en el embotellamiento de cerveza y en su distribución, para incursionar en el mercado de las bebidas gaseosas, adquiriendo a Golden Cup. No obstante, para penetrar el mercado de las colas, era necesaria una marca de prestigio. La ocasión se presenta en esa misma década cuando Pepsi Cola pierde a su distribuidor en Venezuela. Es un caso típico de unión de ventajas complementarias. Pepsi Cola tiene la marca y el prestigio, mientras que Polar posee la capacidad de embotellamiento y distribución.

Elaboración, implantación y control de la estrategia

Para hacer planificación estratégica necesitamos un mapa que nos guíe en el camino y un proceso que nos permita, de una manera sistemática, cubrir el trayecto requerido. Ese mapa lo constituye el ESE, aunque al elaborar la estrategia se amplía para tomar en cuenta los elementos del proceso de planificación estratégica.

Para hacer planificación estratégica necesitamos un mapa que nos guíe, como el ESE, y una brújula que es el proceso de formulación e implantación de la estrategia

Si bien el ESE es el mapa que nos guía, debemos seguir un proceso para establecer la estrategia. Este proceso tiene tres fases fundamentales: la primera es el "Acuerdo" en la definición de las estrategias por parte de los directivos y actores clave de la empresa, la segunda es la construcción del "Basamento" de la estrategia mediante el "despliegue" e implantación de los objetivos de segundo y tercer nivel, y la tercera es el "Control". Por lo tanto **A**cuerdo, **B**asamento y **C**ontrol, pasan a ser el **ABC** de la estrategia.

La primera fase, el "Acuerdo", es un ejercicio que debe ser efectuado por la dirección de la empresa y otros actores clave en su funcionamiento. Esta fase tiene como finalidad generar un conocimiento compartido entre sus participantes acerca de seis aspectos fundamentales: ¿quiénes somos?, ¿en qué juego estamos?, ¿qué está pasando en el juego?, ¿qué puede ocurrir?,

¿cuáles son los movimientos estratégicos que se deben hacer?, y ¿a dónde nos deben conducir?

Estos análisis los hacemos teniendo en cuenta tres aspectos que en todo momento se deben equilibrar en cualquier empresa: el éxito comercial (es decir, ganarse las preferencias del cliente), el éxito financiero (es decir, la obtención de los recursos financieros necesarios para lograr el éxito comercial y la rentabilidad, necesarios para la satisfacción de los accionistas) y el éxito organizacional (es decir, el desarrollo de la infraestructura física y tecnológica, y de la estructura organizacional y de capital humano, requeridos para asegurar el éxito comercial y el éxito financiero). Para ello es necesario también tener en cuenta la etapa de desarrollo de la empresa y la etapa de maduración de los productos y servicios que produce.

Dentro de este análisis es importante comprender los cambios que se están produciendo en el entorno y su influencia en la empresa, especialmente las tendencias sociales, políticas y económicas, la competencia, la "voz del cliente", y otros factores similares. Igualmente necesitamos entender los "límites de crecimiento" y las "restricciones" existentes. Diversas técnicas sirven para apoyar dicho análisis, entre otras, CRM, los "procesos del cliente", los "momentos de la verdad", el análisis de productos y servicios, el análisis de ciclo de vida empresarial, los análisis de ciclo de vida de productos, los mapas de mercado, el análisis organizacional sistémico, y otras similares. Algunas de ellas las veremos en la Tercera Parte.

A lo largo del ejercicio se identifican: ventajas, debilidades, oportunidades y amenazas. A diferencia de los ejercicios tradicionales efectuados con la metodología conocida como FODA (Fortalezas, Oportunidades, Debilidades y Amenazas, o SWOT, por sus siglas en inglés), estas ventajas, debilidades, oportunidades y amenazas provienen de un análisis mucho más preciso de la realidad de los negocios, del entorno y de la empresa. Otras diferencias con la forma tradicional de hacer el ejercicio de FODA las constituyen la introducción de los escenarios, para derivar oportunidades y amenazas que pudieran presentarse en el futuro, la forma de presentarlo mediante un Pareto, para concentrarse en "los pocos viales" y la focalización de los movimientos estratégicos en estrategias de supervivencia y estrategias de desarrollo.

El Enfoque Sistémico de Empresas (ESE) nos permite reconocer las cinco opciones estratégicas fundamentales que puede tener cualquier empresa para sus diversos negocios: la primera es simplemente salirse de ellos, la segunda es mantenerse con sus productos actuales en sus mercados actuales (opción de mantenimiento), la tercera es penetrar nuevos mercados con los productos actuales (opción de penetración), la cuarta es ir a los mercados actuales con nuevos productos (opción de innovación) y la última es ir a nuevos mercados con nuevos productos (opción de penetración innovativa). En cualquiera de ellas el papel de la creatividad y de la innovación es fundamental. La incorporación de la mayor cantidad de actores posible dentro y fuera de la empresa, para aportar ideas, crea una ventaja frente a aquellas empresas que menosprecian el uso de ese talento. Este es uno de los aspectos que incorporan las empresas de avanzada en la cultura organizacional.

Cada una de estas opciones implica una serie de movimientos estratégicos que la empresa debe acometer para utilizar las ventajas que ya tiene, o que puede crear, para aprovechar las oportunidades de mercado, o los problemas profundos que debe resolver.

La siguiente fase, corresponde a la creación del "Basamento" para la implantación de la estrategia. En esta fase utilizamos la técnica japonesa conocida como Hoshin Kanri para convertir los "movimientos estratégicos" en objetivos estratégicos de primer nivel, también conocidos como objetivos hoshin (los que son controlados por la dirección) y para "desplegarlos" a través de toda la organización. Esta técnica permite por una parte lograr el enfoque de la dirección de la empresa en "los pocos vitales" objetivos que permitirán obtener los mejores resultados en el posicionamiento sustentable, valioso o único, perseguido con la estrategia, y por la otra, lograr la mayor dosis de innovación, participación y compromiso por parte del personal, a la vez que sienta las bases para el control que se debe ejercer en la tercera fase.

El "despliegue" implica un análisis profundo de las diversas opciones que se pueden generar para alcanzar los objetivos estratégicos de primer nivel, antes de establecer los medios. La utilización de técnicas como "los procesos del cliente", "los momentos de la verdad", el análisis de "causas raíces", QFD (Despliegue de la Función de Calidad), análisis sistémico de procesos, teoría de las restricciones, y otras similares, permiten la obtención de medios eficaces y eficientes para el alcance de los objetivos de primer nivel. La técnica de Hoshin Kanri se puede combinar con otras técnicas, como el Balanced Scorecard (cuadro de mando integral o tablero de control, como se le conoce en algunas regiones de América Latina y España) para generar una mejor comprensión del despliegue de la estrategia. En este caso, Hoshin Kanri facilita y potencia la definición del Balanced Scorecard.

Dentro de las consideraciones en la implantación de la estrategia no podemos descuidar el factor humano. En ese sentido debemos reconocer que cualquiera plan estratégico que implique cambios profundos, como generalmente ocurre, generará de manera natural resistencias que deben ser consideradas. La utilización de las aplicaciones de la Gerencia del Cambio, conduce a técnicas de manejo del mismo, que deben acompañar al plan estratégico, generando paralelamente el Plan de Manejo del Cambio.

La última fase, "Control" (en el ABC de la estrategia), es la de seguimiento y control en la implantación de los objetivos y en el reposicionamiento de la empresa. Se ve facilitada cuando se utiliza la técnica de Hoshin Kanri, ya que la misma implica la definición y el encadenamiento de los indicadores de gestión que permitirán controlar el éxito del plan. Para esta fase es importante desarrollar la cultura de acciones correctivas y preventivas dentro de la empresa, propia de ISO 9000.

CAPÍTULO VII

EL FOCO ORGANIZACIONAL

En este capítulo se discute lo que es efectividad organizacional, las características de la organización por procesos y las formas de incrementar la efectividad organizacional para ser competitivos

Los nuevos paradigmas organizacionales

En la primera mitad del siglo XX surgieron los nuevos paradigmas organizacionales, que inspiraron la estructuración de las empresas modernas, debido, en gran parte, al éxito mostrado por Ford en la fabricación en serie de sus vehículos. Basados originalmente en las teorías de Taylor y Fayol, estos paradigmas propician el trabajo individual, la especialización en el trabajo, la estructura por funciones y la unidad de mando vertical, como la forma de producir eficientemente. Lo importante de ellos es que, en la práctica, manejaron las relaciones con los clientes bajo el concepto de "product out", es decir dándole mayor importancia a la producción que a las necesidades del cliente, y organizacionalmente centraron la atención en las relaciones supervisor- supervisado, en la creencia subyacente de que la mejor forma de controlar los resultados de la empresa era controlando a las personas.

> **El nuevo paradigma organizacional se centra en dos aspectos: la orientación al cliente y el control de los procesos**

A finales de los años 70 se produjo, en occidente, la "invasión comercial" de productos japoneses de mejor calidad y a menor costo, cuya fabricación se sustentaba en un nuevo paradigma, que se ha conocido con nombres diferentes: control estadístico de calidad, control total de calidad, TQM (Total Quality Management), Gerencia de la Calidad, Calidad Total. Este movimiento propició un nuevo enfoque basado en dos aspectos fundamentales: la orientación al cliente y producir en función de sus expectativas y necesidades ("market in"), y, organizacionalmente, en el enfoque en el diseño y control de procesos capaces de generar los productos y servicios requeridos para satisfacer o exceder dichas expectativas y necesidades. En este nuevo paradigma está, subyacente también, la creencia de que la manera más efectiva de controlar los resultados de la empresa es controlando los procesos.

¿Qué es efectividad operacional?

Aunque el paradigma de calidad total ha tenido sus éxitos, y también sus fracasos, y ha sufrido una evolución natural, no ha surgido, hasta los momentos, un nuevo paradigma capaz de sustituirlo. Bajo este paradigma la efectividad operacional tiene dos componentes secuenciales: en primer lugar, satisfacer o exceder las expectativas y necesidades de los "clientes", mediante productos y servicios, tangibles o intangibles, lo cual constituye **la eficacia**, y en segundo lugar lograr generar esos productos y servicios al menor costo posible, lo cual constituye la **eficiencia**. Cuando se logran ambos propósitos decimos que existe **efectividad operacional.** Este es uno de los elementos importantes de la competitividad empresarial. En nuestro mapa sistémico, ESE, lo podemos visualizar de esta manera:

Cómo lograr eficacia: la voz del cliente

Para ser competitivas las empresas deben identificar las expectativas y necesidades de los clientes y entregar productos y servicios que las satisfagan o las excedan. Corresponde a la estrategia determinar los segmentos de clientes a los cuales queremos llegar y los productos y servicios que les ofreceremos, pero una vez determinados, hay dos actividades importantes a realizar: la primera es refinar el conocimiento de esas expectativas y necesidades, para poder adaptar los productos y servicios a las mismas. La segunda es establecer las características distintivas de competitividad (CDC) que deben tener los productos y servicios entregados.

Para conocer las expectativas y necesidades de los clientes se han desarrollado varias técnicas, desde las más elementales como son: la encuesta, ponerse en los "zapatos del cliente", la técnica de "visión de 360°" para apreciar los diversos ángulos de las necesidades, hasta técnicas más sistematizadas, tales como la utilización de QFD (Despliegue de la Función de Calidad), para especificar mejor las características apreciadas por el cliente, los "momentos de la verdad" para analizar los procesos que sigue el cliente y su interrelación con los procesos de la empresa, el "marketing 1 to 1" y en general el CRM (Customer Relationship Management) para segmentar mejor a los clientes e individualizar sus necesidades. No obstante, algunas veces estas expectativas y necesidades, están latentes, por lo que, en muchas ocasiones, es necesario efectuar pruebas controladas para determinarlas.

Especificadas las expectativas y necesidades podemos utilizar varias técnicas para establecer las CDC que requiere el producto o servicio, para hacerlo preferido por encima de los productos o servicios de la competencia. Aquí el movimiento de Calidad Total aportó conceptos fundamentales en la gestión moderna de las empresas. El primero de ellos fue el de la "focalización", expresado en el famoso principio de Pareto: el 20% de las causas producen el 80% de los efectos. Por consiguiente, debemos jerarquizar las expectativas y necesidades, para atacar primero el 20% de las más importantes que producirán el 80% de satisfacción o deleite en el cliente. Una segunda herramienta es el diagrama de Ishikawa, que permite establecer la relación causa efecto de una manera gráfica, con lo cual se facilita la jerarquización. Otras herramientas, más avanzadas, son el "benchmarking", que permite analizar lo que hacen los mejores en la satisfacción de cada necesidad específica y el QFD, ya mencionada anteriormente, que probablemente constituye la mejor técnica diseñada para estos fines.

Algunos aspectos conceptuales son importantes en la determinación de la "voz del cliente". El primero de ellos es la distinción entre lo que el cliente desea, es decir la especificación de sus expectativas y necesidades, y la forma como la empresa pretende satisfacerlas. Esto ha llevado a la distinción entre "calidad real" y las características sustitutivas de calidad, o "calidad sustitutiva". La "calidad real" es la especificación de las expectativas y necesidades del cliente. Por ejemplo, si vamos a un restaurante de comida rápida, deseamos que la cola para pedir los alimentos sea corta, la atención del cajero sea buena, la variedad de las comidas sea amplia y el precio sea razonable. Cola corta, buena atención, variedad y precio razonable, son características de "calidad real". Usualmente, esta calidad no es medible, pero sí se aprecia a través de los sentidos.

Por el contrario, las características distintivas de competitividad (CDC) y las características básicas de calidad (CBC), es decir la "calidad sustitutiva", si deben ser medibles de alguna manera. Para el movimiento de Calidad Total, lo que no es medible no es controlable, y si queremos mantener consistencia en los productos y servicios ofrecidos, es necesario que sus atributos sean medibles. En nuestro ejemplo, el tiempo promedio del cliente en la cola, lo que el cajero debe hacer, la cantidad de ofertas y el valor de las mismas, especialmente en comparación con los de la competencia, deben ser objeto de medición.

Un segundo aspecto que merece atención es la evaluación continua de la satisfacción del cliente con los productos o servicios entregados. La verdadera eficacia se mide por el grado en que la "calidad sustitutiva" satisface o excede a la "calidad real". Cuando, por ejemplo, en la técnica de QFD se compara la evaluación de la eficacia de nuestros productos y servicios en la satisfacción de cada una de las características más importantes de "calidad real" para el cliente, con el de los productos de la competencia, se establece la verdadera posición competitiva de nuestra empresa en ese renglón. Las brechas entre nuestra posición y la de los líderes, nos da el margen de mejora en la "calidad real" de nuestros productos y servicios.

Cómo lograr eficiencia: la voz del proceso

La única forma de suministrar productos y servicios, con las CDC y las CBC requeridas por los clientes, es mediante procesos. Un proceso es una agrupación de actividades que transforma insumos en productos y servicios. La definición de qué actividades agrupar en qué procesos es particular para cada empresa. Sin embargo, es útil diferenciar aquellas actividades, agrupadas en procesos, relacionados directamente con la generación de productos y servicios que satisfacen al cliente, tales como: mercadeo, ventas, diseño, producción, entrega y servicios de post venta, denominados procesos medulares, de las otras actividades, agrupadas en procesos denominados de apoyo, que simplemente permiten la realización de los procesos medulares, tales como: dirección, gestión de recursos humanos, finanzas, procura y otros similares. La secuencia de los procesos en la "cadena de valor", popularizada por Porter, nos permite visualizar estas relaciones y ampliar nuestro mapa estratégico ESE.

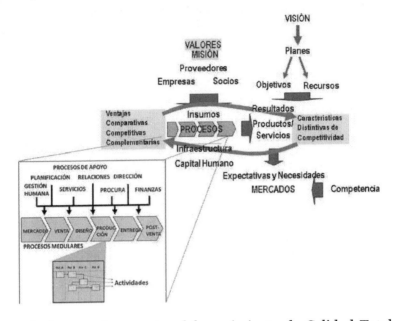

Uno de los grandes aportes del movimiento de Calidad Total fue la comprensión de que para obtener resultados consistentes en la generación de productos y servicios, con las CDC y CBC requeridas, los procesos deben, en primer lugar, tener la capacidad para producirlos y en segundo lugar deben estar bajo control en cuanto a su variabilidad. La introducción de técnicas estadísticas en el control de los procesos marcó un paso de avance en el mejoramiento de la efectividad operacional. La utilidad de esta conceptualización horizontal de la empresa radica en la posibilidad de descomponer dichos procesos en subprocesos y actividades, e identificar los roles de quienes las ejecutan y las competencias requeridas para hacerlo. De esta manera se facilita tanto el control, como la posibilidad de mejora continua de los mismos.

El objetivo fundamental del análisis de los procesos, para hacer más competitivas a las empresas, es lograr su eficiencia y mejorarla continuamente, es decir lograr generar los resultados, productos y servicios, con las CDC y CBC requeridas, al menor costo posible. Para ello se requieren varias cosas: en primer lugar identificarlos. Para esto hay que aprender a estructurar el "mapa de procesos", y entender cuáles son los procesos medulares y los procesos de apoyo, y su interrelación. En segundo lugar, descomponer los procesos en las actividades principales que permiten su realización, para lo cual una herramienta útil es el flujograma de procesos. En tercer lugar hay que aprender a analizarlos, por una parte para especificar su propósito y su valor agregado, y por la otra para simplificarlos u optimizarlos. Técnicas como la de Análisis de Valor Agregado (AVA) y los Árboles de Creatividad (ADC), al igual que la de "benchmarking", son de gran utilidad en esta etapa. Metodologías como ISO 9000, Six-Sigma, Reingeniería de Procesos, TOC (Teoría de las Restricciones), Lean o Kaizen, presentan esquemas complementarios que pueden ser integrados.

Efectividad Operacional

La efectividad operacional es un proceso secuencial. Primero hay que lograr la eficacia y después la eficiencia. Para conocer si estamos logrando la eficacia es importante medir y analizar continuamente la satisfacción del cliente. El método más utilizado es el de encuestas. También es conveniente la utilización de "focus groups" que permiten, además, determinar los factores en los cuales podríamos incidir para mejorar la competitividad. Uno de los aspectos importantes a tomar en cuenta en esa satisfacción es que la calidad es un blanco movible. Lo que hoy deleita al cliente, mañana solo le producirá satisfacción e incluso lo podrá dejar insatisfecho, por lo que hay que estar innovando continuamente para mantener el liderazgo en productos o servicios.

> **La efectividad operacional es un proceso secuencial. Primero hay que lograr la eficacia y luego la eficiencia**

De igual manera, la determinación de la eficiencia de los procesos supone tener un sistema de medición y análisis de los resultados, comenzando por establecer los indicadores de gestión que deben controlar los directivos. No es suficiente tener los procesos bajo control. Hay que mejorarlos continuamente e incluso mantener una comparación con los procesos de la competencia. Para todo esto hay que incorporar en la cultura organizacional, hábitos de observación, medición, análisis de causas raíces y generación de acciones correctivas, y además de sugerencias para el mejoramiento continuo de procesos, productos y servicios.

Caso de Estudio
El origen del Sistema de Producción de Toyota

Tal como ocurrió con el sistema de producción de Ford en su momento, el sistema de producción de Toyota se ha constituido en un ejemplo de organización y manejo de procesos para la empresa moderna. Conocido como Kaizen por los japoneses, y rebautizado como Lean por los norteamericanos, ha ejercido tal influencia en occidente, que vale la pena conocer su origen y sus fundamentos.

El año 1950 marca el nacimiento del movimiento de Calidad Total en Japón. Ese año ocurren dos acontecimientos importantes: por una parte el doctor Deming realiza sus famosos seminarios con dirigentes de empresas japonesas donde expone los fundamentos de un nuevo paradigma de organización empresarial, basado en el control estadístico de los procesos para eliminar el desperdicio, logrando de esta manera productos de mejor calidad a más bajo costo. Por otra parte, Eiji Toyoda, miembro de la familia propietaria de la Toyota, tratando de superar la crisis que casi había llevado a esta empresa a la bancarrota, y había obligado a despedir a la cuarta parte de su personal y a renunciar a su presidente, el año anterior, viaja a Estados Unidos, a la planta Rouge de la Ford, en Detroit, para estudiar el método de fabricación de dicha planta.

Después de permanecer tres meses en Detroit, regresa a Japón y comparte sus copiosas notas con el Jefe de Ingenieros de Toyota, Taiichi Ohno, quien confirmó lo que él ya había sospechado: que el sistema de fabricación en masa de la Ford tenía un importante desperdicio a todo lo largo del proceso de producción. Contemplaba que cada trabajador realizara una o dos tareas simples todo el tiempo, en la línea de ensamblaje. Supervisores a lo largo de la línea se encargaban de asegurar que los trabajadores cumplieran con su trabajo. Otros trabajadores se encargaban de reparar y ajustar las herramientas y había inspectores que retiraban las piezas defectuosas y las enviaban a otra sección para repararlas.

Como el ausentismo era un problema, había trabajadores de reemplazo para suplir las ausencias.

Ohno observó que ningún trabajador más allá de la línea de ensamblaje estaba añadiendo valor al producto. Es por ello que inició una serie de cambios en el sistema de fabricación de la Toyota. Lo primero que hizo fue agrupar a los trabajadores en equipos conducidos por un líder. Cada miembro del equipo podía desempeñar las labores de los otros miembros (multihabilidad, en oposición a la especialización) y el líder tenía, además de las labores de coordinación, labores en la línea de producción y reemplazaba al trabajador que faltara. El equipo realizaba también tareas de limpieza, reparaciones menores de herramientas y el chequeo de la calidad de producción.

Eso permitió la optimización de los procesos y la eliminación de una gran cantidad de personal que no agregaba valor a los mismos, entre ellos un número de ingenieros industriales dedicados al control de calidad. Sin embargo, debido a la crisis del año anterior, Toyota había instituido la política del empleo de por vida, por lo cual el personal sobrante no tenía miedo de ser despedido, lo que facilitó la simplificación de las operaciones y la eliminación del desperdicio de acuerdo a lo predicado por Deming. A esto se incorporó una política que permitía a los trabajadores parar la línea de producción cuando observaran algún defecto. Ohno los entrenó para que analizaran sistemáticamente la causa de los errores, para eliminar la causa raíz y no la causa aparente.

Desarrolló así una metodología de solución de problemas llamada los "Cinco Por Qué", en la cual se analiza un error, por ejemplo, la rotura de una pieza y se pregunta: ¿por qué se rompió la pieza?. Si la respuesta es, siguiendo el ejemplo, por fatiga del material, se pregunta ¿por qué se fatigó el material?, si la respuesta es: por exceso de carga, se pregunta ¿por qué hubo exceso de carga?, si la respuesta es: por falta de una norma que especifique la máxima carga permitida, se pregunta: ¿por qué no existe la norma?. De esta manera se corrige el problema en su raíz (dictando la norma y verificando su cumplimiento) y no solo en su causa inmediata (cambiando la pieza), lo que garantiza que no se va a repetir. Esta discusión se efectuaba entre los miembros del Equipo. Al instaurar el sistema comenzaron a disminuir drásticamente los productos defectuosos por lo que ya no era requerida una gran cantidad de ingenieros dedicados a la inspección final.

Muchos de los ingenieros anteriormente dedicados al control de calidad, fueron incorporados a los equipos de producción para discutir cómo podría ser mejorado el proceso. Así nació el mejoramiento continuo de los procesos y los círculos de calidad. Todo esto, unido a la introducción de un sistema implementación y recompensa a las sugerencias de los trabajadores (copiado originalmente de la Ford), repercutió en grandes avances, como por ejemplo la metodología desarrollada por Shigoe Shingo denominada SMED (Single-Minute Exchange of Die) para facilitar cambios de piezas de ensamblaje, de modelo a modelo, que permitió a la Toyota reducir una actividad que tomaba un día a solo tres minutos.

Ohno además instituyó el sistema de "Just in Time", mediante el cual se disminuyen los inventarios de piezas a ensamblar a una cantidad extremadamente pequeña, produciendo ahorros sustanciales en el capital de trabajo, y además, en el caso de que la manufactura de una pieza sea defectuosa, permite corregir el defecto antes de que se hayan fabricado grandes cantidades de dicha pieza. Existen otros muchos cambios realizados bajo la dirección de Ohno, entre los cuales podríamos mencionar la robotización, para absorber la parte más pesada del trabajo por máquinas, agilizando el ensamblaje, reduciendo el tiempo de producción y el costo del vehículo.

Adicionalmente introdujo maquinas que se paran automáticamente cuando producen una pieza defectuosa (autonomación), previniendo el desperdicio. Todo esto fue facilitado por la política de empleo de por vida, que minimizó las resistencias sindicales y permitió, a las empresas japonesas de automóviles, automatizarse a un ritmo tres veces superior al de las empresas americanas líderes. Tal como lo predijo Deming, en su reacción en cadena, el desarrollo de la competitividad de la Toyota obligaba al incremento de su capacidad de producción, para lo cual ya contaba con un personal capacitado, que compartía la misma cultura de la empresa, y que estaba comprometido con su éxito, por la estabilidad y las condiciones de trabajo que le garantizaba.

CAPÍTULO VIII

EL FOCO EN EL CAPITAL HUMANO Y LA CULTURA ORGANIZACIONAL

En este capítulo se discuten los aspectos concernientes a la planificación y manejo estratégico del capital humano en las empresas, y la cultura organizacional.

El capital humano en las empresas

El modelo sistémico de empresas (ESE) pone de relieve la importancia del capital humano. Por una parte es quien dirige a la empresa, identifica sus oportunidades y amenazas, y diseña los procesos requeridos para producir los resultados, productos y servicios que permiten aprovechar o crear ventajas para responder al entorno. Por otra parte, aporta su trabajo, en los procesos, para hacer realidad los planes de la empresa. De allí que debemos analizarlo en esta doble perspectiva.

Qué es capital humano

Para gestionar eficientemente una empresa, todo gerente o directivo reconoce que debe tener un presupuesto y controlarlo. Cuando se trata de recursos financieros el panorama está claro. El directivo sabe que debe estimar el costo de sus operaciones y obtener el dinero necesario para llevarlas a cabo. Si la empresa tiene planes de expansión, la primera preocupación que surge es de dónde va a obtener el capital para poder hacerlo. Cuando los gastos de la empresa exceden lo presupuestado, de inmediato se generan alarmas y se busca equilibrar el presupuesto.

Al igual que ocurre con el capital financiero, cada operación requiere una cantidad de horas-persona de actividad cuyo rendimiento, además,

---

depende de las competencias que posean quienes las ejecutan y de la motivación para hacerlo

Sin embargo, pocos gerentes o directivos le prestan la atención debida al capital humano requerido para operar la empresa. Al igual que ocurre con el capital financiero, cada operación requiere una cierta cantidad de horas persona de actividad. Sin embargo a diferencia del capital financiero, estas horas persona de actividad dan un rendimiento diferente de acuerdo a las competencias que posean quienes las ejecutan y al grado de motivación que tengan al hacerlo.

En principio, la empresa tiene un número de horas-personas de actividad disponible. Si por ejemplo, tiene 10 empleados y cada uno de ellos trabaja alrededor de 1.800 horas al año (deducidas las vacaciones, los permisos, las enfermedades y el tiempo de adiestramiento), el directivo dispondrá de 18.000 horas-persona de actividad para realizar sus operaciones. Para poder invertir eficientemente ese capital humano debe conocer, por un lado, cuáles son los requerimientos de horas-persona de actividad en cada uno de los procesos, especialmente en los medulares, y que competencias son requeridas por quienes los ejecutan. Por otro lado, también debe propiciar el ambiente laboral necesario para que el personal esté motivado en la realización de su trabajo y de esta manera obtener el máximo rendimiento.

El Banco Mundial define el capital humano como "los conocimientos, las aptitudes y la experiencia de los seres humanos que los hacen económicamente productivos". Aplicando esta definición a nuestro modelo de empresa tendremos que el capital humano estará relacionado con la disponibilidad de recursos humanos capaces de generar los productos y servicios que la empresa requiere para satisfacer o exceder las expectativas y necesidades de sus diferentes clientes, de una manera eficiente.

La Planificación Estratégica del Capital Humano (PECH)

En esta perspectiva es importante conocer la cantidad de personal que se requerirá en el futuro para desarrollar los planes de la empresa y alcanzar sus objetivos, así como las competencias que el mismo deberá tener. Igualmente se debe desarrollar la cultura organizacional que permita la diferenciación competitiva de la empresa, ya sea por su capacidad de respuesta a las exigencias de los clientes y del entorno, o por su capacidad de cohesión interna de los integrantes de la empresa, o por ambos. Por último, es importante planificar los procesos de recursos humanos que permitan tanto la obtención y capacitación del personal requerido, como la generación de la cultura organizacional diferenciadora.

La PECH es ante todo "el proceso que permite acometer, de una manera sistemática y sistémica, apoyado en las tendencias modernas y en las experiencias pasadas, el análisis y las respuestas a las necesidades futuras de la empresa, en el área de capital humano, y en áreas conexas, para la obtención de sus fines corporativos".

La PECH implica la utilización de diversas técnicas, incluyendo modelos computarizados para estimar requerimientos y disponibilidades de personal, y para identificar la planificación de carrera

---

El proceso de Planificación Estratégica de Capital Humano implica la utilización de diversas técnicas, algunas de las cuales incluyen modelos computarizados, para poder estimar los requerimientos futuros de personal a partir del nivel de actividades que la empresa piensa desarrollar, o de los escenarios sobre los cuales basa su planificación corporativa, al igual que la previsión de la posible evolución del personal actual, para poder estimar igualmente la disponibilidad futura de personal. Supone además un análisis del entorno para identificar las fuentes de recursos humanos, y lo que ellas pueden aportar, la planificación de carrera del personal, la cultura organizacional requerida y la forma como las influencias culturales, internas y del entorno, puede afectarla y las estrategias a seguir para minimizarlas, y las posibles amenazas y oportunidades que en materia de recursos humanos pueden presentarse.

La Gestión Estratégica del Capital Humano

La Gestión Estratégica del Capital Humano por parte de los supervisores y gerentes, ha sido reconocida como uno de los factores clave en la competitividad de una empresa. Las acciones y actitudes de supervisores y gerentes repercuten directamente en la manera como los supervisados identifican y alcanzan los objetivos estratégicos de la empresa, mejoran los procesos, incrementan la productividad laboral y crean un ambiente de trabajo propicio para su propio desarrollo personal.

En este contexto cualquier Gerente o Supervisor enfrenta cuatro problemas básicos que debe resolver:

- ¿Cómo establecer objetivos claros que permitan la alineación del personal y la administración del tiempo y de los demás recursos de la empresa para alcanzarlos?
- ¿Cómo distribuir las responsabilidades en su equipo de trabajo para ser eficaz en la generación de productos y servicios que permitan alcanzar los objetivos?
- ¿Cómo establecer las competencias requeridas por su personal para proporcionar el adiestramiento debido, para lograr productos y servicios que permitan alcanzar satisfactoriamente dichos objetivos?
- ¿Cómo crear y mantener la motivación del equipo para alcanzar los objetivos?

El efecto Hawthorne

Como mencionamos anteriormente, en la primera mitad del siglo XX surgieron los nuevos paradigmas organizacionales inspirados principalmente en la experiencia de Ford en la fabricación en serie de sus vehículos y en las teorías de Taylor y Fayol. Estos paradigmas se centraron en las relaciones supervisor- supervisado, en la hipótesis subyacente de que la mejor forma de controlar los resultados de la empresa era controlando a las personas. Originalmente se creyó que la creación de condiciones físicas adecuadas de trabajo era la clave para incrementar la productividad laboral.

Sin embargo este paradigma sería retado unos veinte años después con lo que se conoció como las experiencias de Hawthorne. En una fábrica de Western Electric Company, situada en Chicago, en un barrio conocido como Hawthorne en 1927, se trató de determinar si mejorando las condiciones de trabajo de un grupo experimental, se lograba incrementar la productividad, como lo predicaba la teoría científica. Esta experiencia no era necesaria en ese momento y sin embargo fue conducida solamente para comprobar una teoría administrativa.

En esta fábrica había un departamento que montaba relés de teléfono cuyos trabajadores ejecutaban tareas simples y repetitivas, que dependían de la rapidez. En una primera fase se tomó un grupo experimental y se midió su productividad contra el resto del grupo, que fue considerado un grupo de control. Se le mejoraron sus condiciones de trabajo tales como la iluminación, la ventilación y otras condiciones físicas. También los horarios de descanso de los operarios y la jornada laboral.

Como era de esperarse, según la teoría, este grupo experimental, en la medida en que sus condiciones fueron mejoradas, también mejoró su productividad. Sin embargo para confirmar la teoría era necesario probar lo contrario: es decir que si se emporaban las condiciones de trabajo también debería decrecer la productividad. Para sorpresa de quienes conducían el experimento, al hacerlo, de nuevo aumento la productividad, lo cual condujo a un análisis para conocer lo que estaba ocurriendo, ya que contradecía la teoría conocida hasta ese momento.

Los análisis que se hicieron llevaron a los investigadores por dos vías diferentes aunque complementarias: la primera a justificar el incremento en productividad por un incremento en la motivación al existir una supervisión participativa que condujo a la eliminación de los temores, tener un ambiente amistoso y divertido, y en general valorar lo que los trabajadores producían. De aquí se desprendió una corriente orientada a estudiar los factores que permiten lograr que el personal se sienta motivado.

Otra corriente, por el contrario se planteo el por qué los otros trabajadores no alcanzaban el nivel de productividad de sus compañeros. Analizaron el fenómeno a partir de los juegos de poder y de los liderazgos informales que se formaban en el resto de la organización. La explicación sería que el otro grupo no alcanzaba los mismos niveles de productividad porque existían restricciones, impuestas por el propio grupo, para evitar que los empleados más aventajados lograran producir más que los empleados menos aventajados. Esto no ocurría en el grupo experimental por lo limitado de su número y por la observación a la que eran sometidos.

De esta segunda corriente se desprende, como consecuencia, que no solamente el factor motivación puede ser el que influye en el aumento de la productividad, sino también el liderazgo formal que se logre imponer dentro del grupo para minimizar o eliminar los efectos perversos de liderazgo informal. Allí surgió otra corriente orientada a estudiar las formas de liderazgo más convenientes para aumentar la productividad de la empresa.

La organización formal y la organización oculta

Desde la realización de la experiencia de Hawthorne quedó en evidencia la existencia de dos organizaciones simultáneas en cualquier empresa: la organización formal descrita por los organigramas o los diagramas de proceso, según sea el caso, regida por normas y procedimientos, que teóricamente comparte los valores y la cultura de la empresa, y una organización informal, la organización oculta, cuyas relaciones no aparecen en ningún organigrama o documento formal, que comparte una cultura, también informal, regida por unas "reglas no escritas del juego". Desde los años 80, y probablemente propiciado por el entendimiento de la importancia que tiene este tema para la transformación organizacional, se le ha venido prestando atención a estos aspectos. Para lograr competitividad el directivo o gerente debe gestionar ambas organizaciones estratégicamente. La forma de gestionar la organización formal difiere de la forma de gestionar la organización oculta.

La gestión estratégica de la organización formal

En la gestión de la organización formal existen tres prioridades fundamentales: alinear al personal con los objetivos estratégicos de la empresa, lograr maximizar la eficiencia de ese personal para la obtención de dichos objetivos y desarrollar una cultura organizacional que propicie la competitividad.

Para obtener la primera, se requiere, por una parte, generar un entendimiento compartido de la empresa a través de un mapa común como el descrito en el Modelo ESE, y por otra, establecer un sistema de Planificación Estratégica basado en la participación activa del personal, como el que permite el modelo de Hoshin Kanri.

Para lograr la segunda prioridad se pueden usar las cadenas de valor para identificar los procesos medulares y de apoyo, y dentro de cada proceso las actividades e interrelaciones entre quienes las ejecutan. La utilización de los flujogramas de procesos permite establecer tanto las competencias individuales como las competencias grupales, que se deben tener para ser competitivos. Las actividades que desempeña cada persona dentro de un proceso, identifican las competencias individuales que debe poseer. Las interrelaciones entre quienes ejecutan dichas actividades determinan las competencias grupales entre los miembros del Equipo, tales como comunicación, trabajo en equipo, etc.

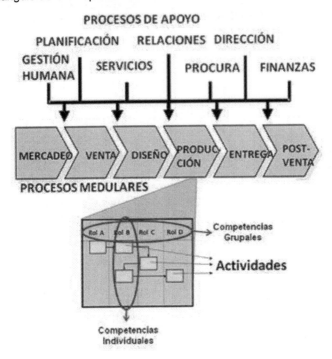

El desarrollo de la cultura organizacional para la competitividad

La tercera prioridad es el desarrollo de una cultura organizacional que propicie la competitividad. La cultura organizacional viene a ser el patrón de valores (principios éticos que dirigen la gestión de la empresa), políticas (principios rectores de cómo hacer las cosas), normas y prácticas, que orientan la conducta de los miembros de una empresa y permite, por una parte, cohesionar, motivar, y mejorar la productividad interna, y por otra, generar capacidad de respuesta externa para fortalecer su posición ante sus clientes actuales o potenciales y otros actores clave del entorno, tales como la comunidad, los proveedores o los entes gubernamentales.

> **La cultura organizacional es el patrón de valores, políticas, normas y prácticas, que orientan la conducta de los miembros de la empresa para cohesionar, motivar, y mejorar la productividad interna, y para generar capacidad de respuesta externa ante los "clientes"**

Este concepto comenzó a adquirir relevancia en la última década del siglo pasado, cuando se puso de manifiesto su importancia como arma competitiva. Cualquiera que haya trabajado en una empresa puede distinguir fácilmente entre la cultura pregonada, es decir la que los líderes de la empresa consideran ideal y desearían que fuera la establecida y la cultura informal o real, que es la que realmente existe en la organización. Al realizar la Planificación Estratégica de Capital Humano se sientan las bases para establecer la cultura organizacional pregonada, adecuada para las condiciones de la empresa en particular. Si por ejemplo estamos en una empresa de servicio, la atención al cliente pasa a ser un valor fundamental dentro de esa cultura. Si por el contrario estamos en una empresa de alta tecnología, la innovación puede ser un valor más relevante.

Siendo la cultura pregonada la que debe orientar la conducta de los integrantes de la empresa, es importante, considerar varios aspectos en su definición y en su estrategia de implantación: el primero es focalizarse en los valores principales sobre los cuales debe fundamentarse, ya que de haber una amplia gama de ellos, se diluirán en el subconsciente colectivo, perdiendo efectividad. El segundo es destacar la importancia de que sus directivos estén dispuestos a modelarlos, pues es la única forma de que penetren en la organización. Un tercer aspecto es alinear los valores con las normas, las prácticas, los símbolos, los ritos y las recompensas.

Ejemplo:
Demasiados valores
Una de las empresas a las cuales prestamos asesoría (cuyo nombre omitimos por razones de confidencialidad) estaba muy orgullosa de los 10 valores sobre los cuales fundamentaba su

cultura organizacional. Como en muchas empresas, dichos valores se habían alcanzado por un consenso entre los miembros de su Junta Directiva, mediante un proceso de inclusión de todos aquellos valores que cada directivo consideraba importantes. Para probar la efectividad de los mismos, escogimos al azar a tres de sus gerentes más destacados, y les preguntamos cuáles eran los valores de la compañía. Para sorpresa de sus directivos ninguno podía recordar más de cuatro de ellos, los cuales además diferían entre sí, y algunos de los que creían recordar ni siquiera figuraban en la lista de 10. La moraleja es que si los gerentes más destacados no podían recordar los valores, menos lo haría el personal restante, y por consiguiente su beneficio era muy poco.

Este fenómeno no es extraño. Los estudiosos de Desarrollo Organizacional saben que una persona normal difícilmente recuerda más de tres cosas, llegando a un máximo de siete cuando hay un proceso de repetición continua. Muchas empresas importantes, como es el caso de Texas Instruments, lo han comprendido y han reducido el número de valores a aquellos que realmente son significativos para la competitividad de la empresa. En el caso de esta empresa sus valores son tres: integridad, innovación y compromiso. En ellos se encierran las bases fundamentales para guiar la conducta de sus integrantes de una manera que contribuye a la competitividad de la empresa.

Ejemplo:
Desalineación de valores, normas, prácticas y símbolos
En otra ocasión una empresa me invitó a su celebración aniversaria. El acto central era la entrega de botones, con el símbolo de la empresa, a algunos de sus empleados. Cuando pregunté cuál había sido el proceso de selección para dicha entrega, su Presidente me dijo que cada sucursal había nominado a dos de sus empleados. Al inquirir el criterio para otorgar dichas condecoraciones, algunas sucursales habían escogido a los trabajadores por su antigüedad, otras por su informe de actuación, y otras por la recomendación de los clientes debido a su atención. Obviamente no había un criterio único que el símbolo reforzara, por lo cual perdía su efectividad.

La gestión estratégica de la organización oculta

La organización oculta es como verdaderamente funciona y actúa la organización. Se fundamenta en las "reglas no escritas del juego", las que no están en ninguna parte, pero que son conocidas por cualquier miembro que tenga cierta antigüedad en la misma y pasan a ser las bases de la cultura informal. Estas reglas identifican los comportamientos y el tipo de relaciones que permiten la supervivencia y el éxito dentro de la organización. Pueden, o no, estar en consonancia con los valores y con la prédica oficial, e incluso oponerse a ella. Cuando están en consonancia refuerzan y potencian a la organización, y crean mística dentro de ella. Cuando no, producen ineficiencias, desmoralización y sabotean la consecución de objetivos organizacionales, pudiendo llegar a la destrucción misma de la empresa.

Ejemplo:
La confusión de Fernando
Fernando asistía a su primer día de trabajo en una conocida empresa, con gran prestigio en el mercado. La gerente de Recursos Humanos le dio la bienvenida, le presentó a sus compañeros y posteriormente tuvo una larga plática con él acerca de su futuro. Finalizó su charla diciéndole: "*si trabajas duro y obtienes buenos resultados llegarás lejos*". A la salida de la charla se encontró con su mejor amigo Juan, quien tenía trabajando más de cinco años en esta empresa y quien también le dio la bienvenida. Tomaron un café y hablaron de generalidades, entre ellas del ambiente de trabajo. Al despedirse Juan le dijo: "*recuerdo algo, si quieres surgir en esta empresa búscate un buen padrino en la Junta Directiva, llega media hora antes de la hora de entrada y sal al menos una hora después, y sobre todo, muéstrale continuamente a tu padrino lo que estás haciendo*". Obviamente Fernando se sentía confundido ante estas dos recomendaciones.

El ejemplo anterior muestra las diferencias entre la cultura pregonada o formal y la cultura real o informal, que coexisten en las organizaciones. Sin embargo, si estuviéramos en la posición de Fernando, ¿a quién le haríamos más caso?. El comportamiento organizacional preponderante estará determinado por las "reglas no escritas del juego", que se difunde de boca a boca en la organización y están basadas principalmente en las creencias colectivas acerca de las cosas que se deben o no se deben hacer, y las relaciones que se deben o no se deben tener, para sobrevivir y obtener éxito en la empresa. Estas reglas se originan en la forma como los directivos y gerentes, por un lado, y los líderes informales, por el otro, premian o castigan determinadas conductas, y en cómo la organización resuelve sus conflictos. Para manejar estratégicamente la organización, los directivos deben conocerlas y evaluar cuáles de ellas fortalecen o perjudican el desempeño de la empresa, para diseñar acciones que refuercen las reglas positivas y contrarresten las negativas.

El clima organizacional

Otro concepto que cobró relevancia a finales del siglo pasado en el manejo de la organización oculta es el del clima organizacional. A diferencia de la cultura organizacional que es más permanente en el tiempo, el clima organizacional describe las condiciones imperantes en el ambiente de trabajo y varía más frecuentemente, de acuerdo a los acontecimientos que ocurren. Determina como cualquiera de nosotros se siente al despertar cada mañana y saber que tiene que ir a trabajar. ¿No nos importa que sea lunes, o por el contrario, desearíamos que fuera viernes, para acortar el suplicio?

Para el manejo efectivo de la organización oculta, el directivo o gerente debe considerar dos aspectos fundamentales que influyen en este clima organizacional: la creación de "capital social" y el manejo de la motivación.

El "capital social" de la empresa

Es otro concepto que ha venido cobrando relevancia en los últimos tiempos, al punto de ser considerado uno de los "activos intangibles" de la empresa. Aún cuando no existe una definición consensualmente aceptada del término, podemos conformarlo principalmente, por una parte, por el grado de confianza que existe en la Empresa entre los trabajadores y entre los trabajadores y sus directivos, que propicia trabajar en un ambiente de armonía sin esperar acciones ocultas, ni "zancadillas", y por la otra, por las normas éticas de comportamiento, que incluyen el respeto, la orientación a la vida (o sea el reconocimiento de valores trascendentales más allá del trabajo diario, tales como la familia, la amistad y la solidaridad), la capacidad de sacrificio (o sea la disposición de anteponer el bien común de los integrantes de la empresa por encima de los intereses egoístas de cada uno de sus componentes) y la capacidad de asociación (o sea, la capacidad para producir sinergia mediante el trabajo en equipo).

Sin empleados motivados, difícilmente hay clientes satisfechos

Diversos estudios han puesto de relieve el vínculo existente entre el clima organizacional de la empresa y el grado de motivación de los empleados. Igualmente se ha demostrado la relación entre la motivación de los empleados y la competitividad de la empresa, hasta el punto que se ha acuñado la frase de que "sin empleados motivados difícilmente hay clientes satisfechos". De allí la importancia para el directivo, o gerente, de entender la forma de crear motivación en el personal como elemento esencial del manejo estratégico de la organización oculta.

El manejo de la motivación organizacional

Uno de los principales objetivos que cualquier directivo o gerente tiene que perseguir, primordialmente, es lograr la motivación de su personal y la armonía organizacional. Diversas teorías se han elaborado en el área de motivación. Todas las teorías esbozadas tienen sus defensores y sus detractores en el plano científico, sin embargo lo que a nosotros nos interesa es cuáles de ellas nos permiten orientar nuestra acción en la empresa.

Utilizando las teorías motivacionales de diversos autores, en el CIEDE hemos desarrollado lo que denominamos el modelo integrado de motivación, que nos permite responder a tres preguntas fundamentales:

1. ¿Qué nos motiva?
2. ¿Cómo nos motivamos?

   o   ¿Cómo se inicia la motivación?
   o   ¿Cómo se mantiene (o se pierde) la motivación?
   3. ¿Cómo se mide la motivación?

Como hemos mencionado, los modelos tienen la ventaja de que no son verdaderos o falsos, sino útiles o inútiles. La calidad de un modelo no se mide por su comprobación científica, sino por el grado de utilidad que pueda prestar para actuar frente a una realidad que no podemos captar sino a través del mismo.

Respecto a la pregunta de qué nos motiva, lo único que podemos decir es que la motivación puede generarse por muchas causas y que cada persona puede tener motivadores diferentes y a veces ni siquiera conocer qué es lo que realmente lo está motivando. Sin embargo varias teorías han sido de mucha utilidad a las empresas para determinar cuáles pueden ser los motivadores que diferentes personas pueden tener. Estas han sido denominadas las teorías de contenido y nos permiten responder a nuestra primera pregunta acerca de qué nos motiva, entre las principales figuran: el modelo de jerarquía de necesidades de Maslow, una variación sobre ese mismo modelo, interpretándolo de una manera diferente, efectuada por Herzberg, que tiene la virtud de permitirnos distinguir entre lo que es motivación y lo que es satisfacción o higiene organizacional, los estudios de McClelland quien distinguen tres motivadores fundamentales: el logro, el poder y la afiliación, la escuela austríaca que establece como motivadores el sexo, el poder y la trascendencia.

Ejemplo:
¿Motivado o satisfecho?

José es profesor en una universidad en Mérida. Tiene una amplia autonomía en su trabajo y es apreciado por el decano y las demás autoridades universitarias, por sus colegas y sobre todo por los estudiantes. Sin embargo se queja porque su salario no le alcanza para sostener a su familia y su oficina es un pequeño cubículo, que apenas le permite recibir a un visitante. Francisco es ejecutivo de una importante empresa. Gana un excelente salario, dispone de una espaciosa oficina, con un pequeño salón de conferencias anexo y baño privado. No obstante cada noche se acuesta decepcionado por la intriga de sus compañeros, el despotismo de su jefe y la inutilidad de su trabajo, cuyos resultados muchas veces son engavetados

---

después del esfuerzo realizado. Tanto José como Francisco desean cambiar de trabajo y de empresa, aunque por diferentes motivos.

Los ejemplos anteriores nos muestran la diferencia entre satisfacción y motivación. José está motivado pero no satisfecho, mientras que Francisco está satisfecho pero no motivado. Ambos son valiosos para sus respectivas organizaciones, pero la forma de manejar sus problemas es diferente y por consiguiente lo es el abordaje de las soluciones por parte del directivo o gerente.

Sin embargo, saber lo que nos motiva no basta. También es importante comprender cómo nos motivamos, en especial: ¿cómo se inicia la motivación? y ¿cómo se mantiene, o cómo se pierde, la motivación? Explicar el mecanismo de cómo nos motivamos también ha sido objeto de varias teorías, denominadas teorías de contenido y expuestas por Lawler, Adams y otros autores. Uniéndolas hemos llegado a lo que denominamos en el CIEDE el modelo integrado de motivación, utilizado en las encuestas de Clima y Funcionamiento Organizacional para medir la motivación y la satisfacción entre los integrantes de una organización, las causas determinantes de ellas y las acciones a tomar, para incrementarlas.

¿Cómo medir la motivación?

Un factor importante, en la empresa, es que bajo el término de motivación se ha abarcado tanto la motivación como la satisfacción o higiene organizacional. Hay diferencias fundamentales entre esos dos conceptos para fines operativos, como hemos visto. El instrumento idóneo para medir la motivación y la satisfacción es la encuesta de clima organizacional. Debe estar bien elaborada para poder cumplir su cometido. Muchas de las encuestas de clima organizacional se limitan a examinar una serie de factores, sin seguir ningún modelo específico que permita tomar acciones que incrementen la motivación o la satisfacción. Para realizar una encuesta de utilidad debemos, primero que nada, tener un modelo lógico que defina los factores a medir y además tomar en cuenta que no basta medir los factores, sino el peso que esos factores tienen en el colectivo de la empresa y su relación con la motivación y satisfacción de las personas, para saber cómo mantener y mejorar dicho clima organizacional.

El manejo del cambio

Por último el Gerente o Supervisor encuentran, cada vez con más frecuencia, que la organización, para poder ser competitiva, debe someterse a un proceso de cambio que implica resistencia humana. Un aspecto fundamental a examinar es por consiguiente como manejar estos procesos. Hay que entender que todo proceso de cambio puede despertar resistencias en quienes lo sufren y de allí la importancia de conocer cómo manejarlo.

Se reconoce a Kurt Lewin como el "padre de la gerencia del cambio" por sus aportes. Básicamente se ha establecido que para que un proceso de cambio sea exitoso se requieren tres fases: la primera llamada de "descongelación" en la cual se prepara a quienes van sufrir sus consecuencias con información acerca de la necesidad del mismo, la segunda conocida como la de "transición", que es la más difícil porque es una fase de ejecución, donde se abandona la situación conocida por una que aún no conocemos, y la tercera denominada "recongelación" en la cual se estabilizan los cambios.

Podríamos visualizar el proceso de cambio como el paso de la ineficiencia inconsciente a la eficiencia inconsciente, donde se dan tres etapas que se corresponden con las fases elaboradas por la teoría tradicional, donde debemos manejar la actitud, la motivación y los hábitos.

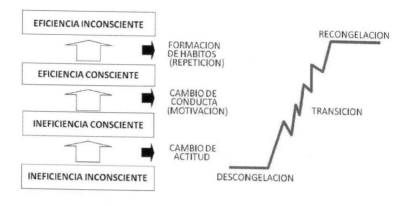

La primera etapa es *el paso de la ineficiencia inconsciente a la ineficiencia consciente*: a menos que se imponga por la fuerza (y se ha demostrado que este tipo de cambios es aparente y poco duradero en el tiempo), la persona tiene que llegar al convencimiento de que lo que está haciendo es ineficiente comparado con lo que podría hacer. Por ejemplo aprendemos a manejar un nuevo programa de computación cuando nos percatamos de que de no hacerlo estaremos perdiéndonos de sus beneficios. Esta etapa es conocida en la teoría clásica como la etapa de descongelación e implica un cambio de actitud, y las barreras a vencer para lograrlo son el desconocimiento, los temores y las faltas de referencias.

Sin embargo la experiencia nos indica que no es suficiente un cambio de actitud. El refranero popular lo recoge diciendo que de buenas intenciones está empedrado el camino del infierno. Para lograr cambios es necesario realizar acciones diferentes a las que veníamos ejecutando y esto crea un sentido de inestabilidad, que es conocido en la teoría clásica como la etapa de transición. Esta es la etapa de pasar de la ineficiencia consciente a la eficiencia consciente. Es una etapa de aprendizaje organizacional, donde abandonamos la situación conocida para ir hacia una nueva que aún no tenemos. Las barreras a vencer en esta etapa son la falta de adiestramiento, de herramientas o recursos, y de incentivos.

Superada la etapa anterior, es necesario estabilizar el proceso hasta desarrollar los nuevos hábitos que sustituirán a los anteriores. Es el paso de la eficiencia consciente a la eficiencia inconsciente. En esta etapa, denominada por la teoría clásica, de recongelación, es importante estandarizar y controlar los nuevos procesos o las modificaciones introducidas, hasta que se ejecuten de una forma inconsciente, o como dirían los promotores de calidad total, hasta que sea la manera natural de hacer las cosas. Esto implica controlar la eficacia de los mismos y ser consistentes en la aplicación de incentivos para mantener los resultados. Las barreras a vencer durante la misma son la inexistencia o deficiencia de estándares y la falta de controles.

El manejo del cambio por parte del directivo o gerente forma parte del desarrollo mismo de la competitividad empresarial.

TERCERA PARTE

TÉCNICAS Y HERRAMIENTAS PARA LA COMPETITIVIDAD

Las nuevas concepciones empresariales han venido acompañadas de una serie de técnicas y herramientas indispensables para hacer las empresas más eficaces en sus resultados con sus clientes y otros sectores de interés, tales como accionistas, inversionistas, gobiernos, comunidades y proveedores . En esta parte se describen las principales de ellas, indicando su propósito y dando un bosquejo de sus elementos principales.

CAPÍTULO IX

METODOLOGÍAS, TÉCNICAS Y HERRAMIENTAS ADAPTADAS A LAS NUEVAS CONCEPCIONES

Visión de conjunto

La competitividad de las empresas modernas está basada en la integración de distintas concepciones provenientes de diversas fuentes. Por una parte, la forma de establecer el rumbo de la empresa, a través de la formulación de la estrategia, ha tenido su evolución más importante a raíz de los aportes del Grupo Shell, especialmente de Pierre Wack y quienes le sucedieron en el equipo de planificación estratégica de esta corporación. A ellos les debemos la técnica de planificación por escenarios, que rompió el paradigma clásico de ver la planificación como previsión del futuro a partir del pasado. Contemporáneamente autores como Porter y Welch contribuyeron en la definición del proceso para establecer la estrategia, al reconceptualizarla como búsqueda continua de posicionamiento único, valioso y sustentable, en lugar de cómo medios para alcanzar objetivos, como lo sostenía la teoría clásica.

El movimiento de calidad japonés desarrolló importantes metodologías, tanto para la formulación de los objetivos estratégicos como para su despliegue. Este movimiento destacó una serie de elementos importantes para poder fijar la estrategia:

- el uso de data para el diagnóstico de lo que está pasando
- el análisis de las causas raíces (diagrama de Ishikawa)
- el enfoqué en "los poco vitales" (principio de Pareto)
- la participación máxima del personal en la planificación

- la simplificación y flexibilización de los planes para poder comunicarlos y cambiarlos con facilidad, ante los cambios en el entorno

A ellos les debemos dos de las más poderosas metodologías en planificación: Hoshin Kanri y QFD (Quality Function Deployment). Otros autores, han dado importantes contribuciones al despliegue de la estrategia. En especial se ha popularizado en occidente el Sistema Balanceado de Indicadores (Balanced Scorecard) de Kaplan y Norton.

Otro aspecto que puso de relieve el movimiento de calidad japonés fue la importancia de simplificar y mejorar continuamente los procesos para eliminar el desperdicio y lograr mejor calidad a menor costo. Dos técnicas sobresalen en este tópico: la de las 5S, destinada a ordenar el sitio de trabajo para evitar pérdida de tiempo en la rutina diaria y otro grupo de metodologías conocidas bajo diferentes nombres tales como TQM (Total Quality Management), Kaizen y en Estados Unidos, como Lean, destinadas a simplificar y mejorar los procesos de trabajo, e inspiradas principalmente en el Sistema de Producción de Toyota. En el desarrollo de estas metodologías, el movimiento de calidad japonés agrupó una serie de herramientas, en lo que se conoce como las siete herramientas de la calidad. Posteriormente actualizó herramientas tradicionales y aprovechó el desarrollo de algunos conceptos de técnicas de procesamiento de lenguaje, para incorporar otra serie de herramientas conocidas como las siete nuevas herramientas de la calidad.

Otro aporte es ISO 9000, que utiliza la concepción de calidad para desarrollar un sistema de certificación de procesos que garantice la consistencia en el cumplimiento de la calidad ofrecida contractualmente por la empresa a sus clientes. Una sofisticación de TQM la constituye Six-Sigma, desarrollada originalmente por Motorola, que combina y sistematiza diversas técnicas para reducir las posibilidades de errores en la producción y que se ha popularizado a raíz de su adopción por importantes empresas como GE, aunque su costo la pone fuera del alcance de muchas empresas medianas y pequeñas. Existen otras metodologías muy eficaces para el mejoramiento de los procesos, entre las cuales debemos mencionar la Teoría de las Restricciones (TOC), de Goldratt, TPM (Total Productive Mangement) desarrollada por el movimiento de calidad japonés y AVA (Análisis de Valor Agregado) proveniente del Grupo McKinsey.

Un tercer aspecto, que cobra importancia vital en el mejoramiento de la competitividad de las empresas, lo constituye el desarrollo del capital humano y de la cultura organizacional. En este tópico es más frecuente conseguir exposiciones conceptuales que metodologías y herramientas. En la Planificación Estratégica de Capital Humano, en el CIEDE hemos tenido que diseñar modelos computarizados para el pronóstico de personal y para la planificación de puestos. Igualmente se han diseñado modelos para establecer las competencias clave, identificar las brechas de competencia del personal y desarrollar los programas de capacitación requeridos para cerrar las brechas de competencia, Las técnicas de procesamiento de lenguaje, en especial los diagramas de afinidad y de relaciones, son de gran utilidad para identificar los valores. Una metodología muy sencilla ha sido desarrollada por Scott-Morgan para determinar "las reglas no escritas del juego" que rigen la cultura informal de las organizaciones.

La técnica de Planificación por Escenarios

Hacia los años 60 el Grupo Royal Dutch Shell utilizó una nueva técnica de planificación denominada "planificación por escenarios", bajo la conducción del francés Pierre Wack. La finalidad de esta técnica es ampliar los modelos mentales para pensar en el futuro y hacer descubrimientos, e incrementar la percepción de los directivos para reconocer los sucesos que ocurren en el entorno y darse cuenta de sus implicaciones.

> **La técnica de planificación por escenarios abandona la práctica de predecir el futuro a partir del pasado y se fundamenta en que es imposible predecir el futuro y peligroso tratar de hacerlo**

Los fundamentos de la técnica de planificación por escenarios, los podríamos sintetizar de la siguiente manera:

Primer fundamento: la imposibilidad de predecir el futuro. Comienza por cuestionar el paradigma anterior basado en establecer los objetivos que se alcanzarían y lo sustituye por un nuevo paradigma totalmente opuesto: *"es imposible predecir el futuro y peligroso tratar de hacerlo"*. Esto no era más que la aceptación de que los cambios en el entorno se estaban sucediendo de una manera tan vertiginosa que trabajar para un futuro predeterminando nos podía conducir a una situación peligrosa en cuanto no percibir los cambios y las amenazas que los mismos generaban o a la perdida de las oportunidades que se estaban presentando y que pasaban desapercibidas para quienes estaban empeñados en un objetivo fijo preestablecido.

Segundo fundamento: La elaboración de escenarios extremos por pares.
La técnica se concentra en elaborar "escenarios", es decir descripciones de lo que podría ocurrir en el futuro, a partir de la evolución de una serie de variables interrelacionadas (económicas, políticas, sociales y tecnológicas). Estos escenarios son futuros posibles y se elaboran por pares describiendo en cada uno condiciones contrastantes respecto al otro.

Tercer fundamento: ningún escenario es correcto, pero si estamos preparados para ambos, estamos preparados para el mundo real: Lo más importante es romper con los puntos de vista convencionales. Sobre estos postulados, se desarrollan escenarios a largo, mediano y corto plazo y en diferentes ámbitos: internacional, nacional y local.

Cuarto fundamento: la planificación continua: Para la elaboración de los escenarios se parte de supuestos que se establecen con la mejor información que se tiene en el momento actual, pero como el entorno cambia, y a veces drásticamente, debemos cuestionar continuamente los supuestos de los que hemos partido, ya que de haber cambios en los supuestos, hay que introducir cambios en los escenarios. Esto lleva al abandono de la planificación por saltos (planes de cinco años, por ejemplo) para transformarse en una planificación continua, donde el plan debe ser revisado tan pronto varíen las circunstancias en las que se ha fundamentado.

Quinto fundamento: la concentración en lo cualitativo: En el manejo de los escenarios adquiere predominio la focalización en los aspectos cualitativos por encima de los cuantitativos. Lo más importante es establecer la tendencia de las variables que estamos examinando y sus posibles evoluciones.

Sexto fundamento: Los escenarios deben ser posibles: Debe haber un análisis lógico y realista. No perder tiempo en el análisis de cosas imposibles sino en el de situaciones extremas, no necesariamente probables, pero si posibles.

Séptimo fundamento: sólo son relevantes las señales del escenario que requieran acciones a corto o mediano plazo: Los escenarios se diseñan para prever acciones ante la eventualidad de que se presenten las circunstancias analizadas. Si las señales que da el escenario no ameritan la previsión de acciones, estas señales no serán relevantes para el plan.

Metodología de Alineación Estratégica del CIEDE

En el Centro de Investigación, Educación y Desarrollo Estratégico (CIEDE), hemos desarrollado una metodología, producto de la experiencia práctica de su aplicación en empresas grandes y pequeñas, de diferentes sectores de actividad, que ha demostrado producir resultados sorprendentes en muy corto tiempo.

El primer paso en esta metodología es extraer y sistematizar el conocimiento que cada directivo tiene de su negocio, mediante una entrevista individual donde se explora, utilizando el modelo ESE (Enfoque Sistémico de Empresas), la visión y el conocimiento que tiene esa persona acerca del negocio y de la empresa.

El ESE, como todo modelo, extrae los elementos más resaltantes de la realidad empresarial (los "poco vitales" del principio de Pareto) y los explora sistémicamente para establecer su interrelación. Preguntas tales como ¿por qué estamos en el mercado?, ¿cuál es nuestra propuesta de valor?,

¿en qué valores cimentamos nuestra cultura organizacional y por qué?, ¿qué hace que un mercado sea atractivo?, ¿qué hace que una empresa como la nuestra sea fuerte en ese mercado?, ¿en dónde estamos posicionados nosotros?, ¿dónde podríamos estar mejor posicionados?, ¿por qué no somos más fuertes en los mercados atractivos?, y otras similares, efectuadas en una entrevista de aproximadamente dos horas, le permite al directivo explicitar y sistematizar su pensamiento. Para muchos de ellos, el sólo hecho de ordenar sus ideas sistémicamente, produce un "alumbramiento" que abre su mente a nuevas posibilidades y a la innovación.

En una segunda fase, ordenamos, por afinidad, todas las respuestas del grupo de ejecutivos entrevistados, en un modelo sistémico integrado de empresa (usando el modelo ESE), donde se aprecian las coincidencias y discrepancias del grupo, que en definitiva es el personal clave en la dirección, y las interrelaciones entre los diversos factores que influyen en la misma. Esto permite ampliar el conocimiento del negocio, y de la empresa, que tiene cada uno de ellos, de una manera integral, y crea un contexto común que facilita la comunicación y la toma de decisiones, al poseer todos la misma información.

En una tercera fase, realizamos lo que denominamos la Jornada de Alineación Estratégica, donde se reúnen, durante un día, los directivos, y otros actores claves en la toma de decisiones de la empresa, para discutir la situación actual, las posibilidades que ofrece el entorno y los movimientos estratégicos principales que se deben realizar. La experiencia ha demostrado que estas reuniones son sumamente productivas, y su éxito debemos atribuirlo a varias razones:

- Para esta sesión cada directivo viene con un pensamiento empresarial estructurado, producto de la entrevista inicial y de la reflexión adicional, que ocurre de una manera natural, desde dicha entrevista hasta el día de la jornada (recordemos que el subconsciente sigue trabajando, disparado por la visión sistémica, reestructurando el conocimiento explicitado)
- En esta sesión no es necesario comenzar de cero, explicando la posición de cada quien, ya que sus ideas principales han sido expresadas y volcadas en el modelo. Cada directivo no sólo ha tenido la oportunidad de expresar todo lo que ha querido, sino

que su pensamiento está recogido por escrito y a la vista de todos (aunque de forma anónima, ya que al integrar las respuestas por afinidad, se indican las ideas mas no su autoría)

- Al estar agrupada la información por áreas de coincidencia quedan de manifiesto las zonas de acuerdo y se puede emplear el tiempo más productivamente explorando las discrepancias, para aclararlas.

- Al poseer todos los participantes la misma información, y estar ésta sistematizada en el modelo ESE, se facilita el proceso de negociación para la toma de decisiones, y se hace de una manera más objetiva.

- Por último, durante la sesión, una vez acordados los movimientos estratégicos, en lugar de materializarlos en objetivos que muchas veces resultan incomprensibles para quienes no han participado en su formulación (y a veces hasta para algunos de los presentes), los mismos se expresan usando la metodología japonesa denominada Hoshin Kanri..

Después de esta Jornada de Alineación Estratégica, es típico que cada empresa revise su plan actual de negocios, o lo elabore si aún no lo tiene, acompañado o complementado por su plan financiero y su plan organizacional. Adicionalmente muchas empresas optan por elaborar un plan comunicacional al personal, a los accionistas y a los posibles inversionistas.

Hoshin Kanri

Esta metodología es la misma que viene siendo utilizada con éxito por empresas de reconocida excelencia, tales como Toyota, Komatsu, HP, Xerox, y otras similares La metodología Hoshin Kanri consiste esencialmente en expresar cada objetivo estratégico a través de cinco componentes: el propósito, la métrica, la fecha de alcance, la meta y los medios para alcanzarlo. Al establecer el propósito se explicita mejor la estrategia que está en el subconsciente colectivo de los participantes y se hace más fácil transmitirla al resto de la organización, manteniendo de esta forma la alineación aguas abajo. La métrica, las fechas y las metas, crean un sentido de urgencia y compromiso con el plan.

El establecimiento de los medios lleva a un análisis más profundo de los factores o causas raíces que hay que atacar y permite, por un lado, crear un sentido de realidad en la ejecución del plan, y por el otro, incorporar a una parte sustancial del personal crítico de la empresa en la formulación del mismo, con las consiguientes ganancias en cuanto a innovación y compromiso. De igual manera, la aplicación de Hoshin Kanri, permite establecer las interrelaciones entre los diversos objetivos estratégicos (comerciales, financieros y organizacionales), y generar, en aquellas empresas que utilizan este instrumento, un "balanced scorecard" de una manera más fácil y realista. Al mismo tiempo se genera el "Panel de Control", esencial para el seguimiento y control del plan estratégico.

El análisis de las causas raíces.

Se utiliza para analizar objetivos o problemas y de esta manera identificar los medios idóneos para alcanzarlos o resolverlos. Se materializa mediante el uso del diagrama de Ishikawa (también conocido como diagrama causa-efecto o "espina de pescado")
Ejemplo:

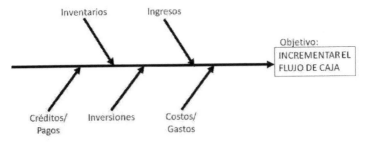

Partiendo del principio de que un objetivo no es más que un problema que hay que resolver o un logro que hay que alcanzar, la metodología se fundamenta, si se trata de un problema, en que la mejor forma de resolverlo es atacando sus causas raíces y no simplemente sus efectos. En los casos en que se trata de un objetivo, se analizan los factores clave para alcanzarlo y se generan acciones para optimizar esos factores clave. En ambos casos el proceso es similar.

En una primera fase es necesario definir claramente el objetivo, sus causas inmediatas, las causas de las causas y las causas de las causas de las causas, hasta llegar a las causas raíces del problema (es lo que los japoneses han denominado "los cinco ¿por qué?"). Una vez determinadas las causas raíces, se evalúa el peso o la influencia de cada causa, preferiblemente usando la data recolectada de la realidad, en la totalidad del problema y se jerarquizan según su impacto, para establecer cuales debemos atacar primero (lo que en la jerga de calidad total se conoce como "paretizar"). Hecho esto, se van generando alternativas para atacar las causas raíces de mayor peso y usualmente al atacar el 20% de las causas raíces principales habremos resuelto el 80% del problema o conseguido el 80% del objetivo, según el principio de Pareto

QFD (Quality Function Deployment o Despliegue de la Función de Calidad)

QFD es una técnica que permite desplegar, es decir especificar de una manera secuencial los requerimientos de calidad deseados por los clientes, conocidos como calidad real, atributos de calidad o la voz del cliente, para determinar las características de diseño del producto o servicio, conocidas como características sustitutivas de calidad, que satisfagan al cliente por encima de los productos o servicios de la competencia. Está considerada como el desarrollo más importante ocurrido en los últimos 50 años en Japón en materia de calidad total.

El propósito de la técnica es
- Identificar las expectativas y necesidades de los clientes y jerarquizarlas.
- Determinar la posición competitiva de nuestros productos y servicios.
- Generar alternativas para mejorar nuestra posición competitiva.
- Escoger de las alternativas generadas aquellas que optimicen los resultados deseados
- Comunicar a los diferentes departamentos de la empresa las necesidades y requerimientos de los clientes.

En una primera etapa se identifica el segmento de clientes al cual nos queremos dirigir y el producto que deseamos posicionar en ese mercado. Una vez establecidos quiénes son los clientes y los productos, se procede a determinar cuáles son las características o atributos que estos clientes consideran necesarios o deseables en el producto y en el servicio que acompaña al producto. Usualmente los clientes exponen atributos primarios. Por ejemplo, si se les pregunta que atributos les gustaría que tuviera un carro probablemente nos responderán que la comodidad, la potencia, la belleza y cosas por el estilo. Estos son atributos primarios. Si tomamos uno de ellos, por ejemplo, la comodidad y les preguntamos qué entienden por comodidad, comenzaremos a especificar los atributos secundarios relacionados con ese atributo primario. Podrán decirnos que comodidad es tener asientos confortables, que el asiento trasero se pueda replegar, que las puertas cierren suavemente, y otros similares.

De esta manera tendremos una mejor idea de cuáles realmente son las expectativas y las necesidades de ese grupo de clientes, y de allí toma su nombre la técnica, ya que habremos "desplegado" los que significa calidad específicamente para ese segmento de clientes. Una vez logrado esto pasaremos a medir la importancia relativa que tiene este atributo para los clientes y establecer una jerarquización. Realizada la jerarquización se investiga como ellos perciben nuestro producto o servicio en relación a estos atributos, comenzando por los más importantes según la jerarquización efectuada, y como perciben los atributos en los productos de la competencia. Supone la identificación de las quejas o insatisfacciones respecto a nuestro producto, así como las sugerencias de los clientes, y también la identificación de los defectos y las virtudes de los productos de la competencia. Esto permite establecer nuestra posición competitiva en el mercado, pero también nos abre las puertas a las oportunidades que de allí se derivan.

Establecidos los atributos, su jerarquía, y nuestra posición competitiva, estaremos en capacidad de generar alternativas capaces de mejorarla, mediante la utilización de otras técnicas como el análisis de las causas raíces, y medir su impacto en el conjunto de atributos deseados por los clientes, para escoger las más prometedoras. Sin embargo hay que considerar si esas características son compatibles o incompatibles entre sí

Escogidas de esta manera las características que deseamos introducir en nuestro servicio, podemos tener otras consideraciones adicionales antes de tomar la decisión definitiva, tales como costo, tiempo de implementación, y otras por el estilo. Otro aspecto que también debemos evaluar es sí, introducidas estas características, podremos llegar a una posición competitiva similar o superior a la de nuestros competidores en el atributo considerado. La técnica se puede utilizar también para generar las estrategias o medios que nos permitirán obtener estas características del servicio de la manera más eficiente y así tendremos un magnífico instrumento de comunicación con todas las personas que intervendrán en el proceso.

El Sistema Balanceado de Indicadores (Balanced Scorecard)

El Sistema Balanceado de Indicadores busca trasladar la visión y la estrategia en objetivos formulados bajo cuatro perspectivas básicas: financiera, del cliente, de los procesos internos y del aprendizaje y crecimiento de la organización.

Bajo este enfoque se "balancean" los objetivos financieros de la empresa que normalmente buscan satisfacer a los accionistas: rentabilidad, retorno sobre inversión, costos, ganancias, EVA, y otros similares, con los objetivos que buscan satisfacer las necesidades del cliente: calidad, precio, tiempo de entrega, y que son los que hacen posible lograr en definitiva los objetivos financieros. Sin embargo, para obtener los objetivos financieros y de clientes es necesario que los procesos internos de la empresa funcionen adecuadamente y mejoren continuamente, por lo cual deberán desarrollarse objetivos encadenados a los anteriores que permitan este funcionamiento y mejora continua.

Por último, para lograr los objetivos a corto plazo, y para garantizar la supervivencia de la empresa en el largo plazo, es necesario desarrollar tanto la innovación y el aprendizaje como la capacitación y motivación de los empleados, y estos objetivos también están ligados al resto de los objetivos.

Al elaborar un sistema balanceado de indicadores, la alta

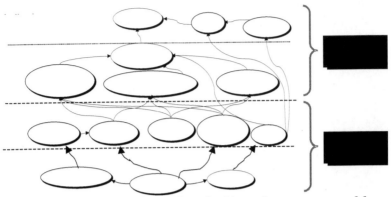

gerencia deberá considerar la relación existente entre el logro de los objetivos finales, ya sea en el área de los accionistas o de los clientes, con el logro de los objetivos en el área de procesos y de personal. Esta relación establece una cadena de causalidad (causa- efecto) que permite al Gerente detectar sus factores de éxito y las variables que lo miden de una forma sistemática.

Las 5S

Es una metodología que se orienta fundamentalmente a crear ambientes de trabajos eficientes y agradables. Permite educar a los integrantes de la empresa en la eliminación de cosas innecesarias, mantener limpios y ordenados los diferentes ambientes, desde las oficinas hasta los talleres y líneas de producción, sistematizar el mantenimiento y crear un sistema de control. La metodología toma su nombre de las siglas en japonés de los pasos seguidos:

1. Seiri: analizar los elementos existentes en el ambiente de trabajo para separar los necesarios de los innecesarios y de esta forma eliminar estos últimos.
2. Seiton: ordenar todos los elementos necesarios que quedan..
3. Seiso: crear un programa de mantenimiento que garantice el ajuste y la limpieza de oficinas, maquinarias, equipos y todos los demás elementos del ambiente de trabajo.

4. Seiketsu: sistematizar y crear el hábito de ajuste y limpieza.
5. Shitsuke: estandarizar y crear un sistema de inspección y mejoramiento continuo del proceso.

TQM (Total Quality Management), Kaizen, Lean

El movimiento de calidad japonés es producto de la confluencia de varias corrientes. Por una parte, la de sus precursores, especialmente Deming y Juran, quienes sentaron las bases teóricas y metodológicas, y por la otra, de los realizadores, en especial de Ishikawa y Ohno, quienes sistematizaron y desarrollaron las aplicaciones del mismo. Al popularizarse en occidente, diversos autores generaron diversas corrientes, según la forma de comercializar sus ideas, y de allí surgen las distintas denominaciones que encontramos en la literatura, entre ellas las más populares: TQM, Kaizen, Lean y Six-Sigma.

Todas estas formas comparten tres aspectos fundamentales:
a) una filosofía de gestión destinada a la creación de una cultura organizacional compartida por todos los integrantes de la empresa, basada en un enfoque sistémico que concibe a la empresa como un ente que debe proveer productos y servicios para satisfacer las necesidades de diferentes "clientes" (consumidores, accionistas, comunidad, proveedores, gobierno) y que por consiguiente debe no sólo responsabilizarse de la calidad de sus productos y servicios, sino también ser responsable socialmente
b) una metodología de mejora continua de los procesos para producir las características básicas de calidad y las características distintivas de competitividad requeridas, al menor costo posible, apoyada en la administración por medición y hechos (y no por opiniones) y fundamentada en el control estadístico de los procesos, y
c) una revalorización del trabajador y de su capacidad de dar aportes innovadores, destinada a crear orgullo en su trabajo mediante una activa participación en la gestión empresarial y un reconocimiento de su labor.

Aunque TQM las podría abarcar a todas, incluyendo otras metodologías como Hoshin Kanri y QFD, dos autores han popularizado dos términos que han tenido mucha acogida en occidente: Kaizen, acuñado por el japonés Imai, y Lean, acuñado por el norteamericano Womack.

La aplicación metodológica puede ser mejor comprendida partiendo del mapa estratégico ESE visto anteriormente.

Básicamente sigue los siguientes pasos:
- determinar cuáles son los "clientes" principales y sus expectativas y necesidades y jerarquizarlas (Pareto)
- identificar los productos y servicios que actualmente estamos suministrando para satisfacer, o exceder, dichas expectativas y necesidades
- analizar cuáles productos o servicios no logran alcanzar el resultado deseado (es lo que definimos operacionalmente como problema). Jerarquizar los problemas (Pareto)
- identificar procesos que actualmente seguimos para producir dichos productos y servicios, donde existen los problemas principales
- analizar si la razón por la cual no se alcanzan los resultados deseados se debe a que los procesos no tienen la capacidad requerida para producirlos, o si obedece a una brecha de desempeño en dichos procesos
- dependiendo del resultado anterior, proceder a un rediseño del proceso o a una mejora del mismo
- probar los procesos modificados y evaluar los resultados de la práctica (siguiendo el ciclo PERA: planificar, ejecutar, revisar y actuar))
- una vez obtenido el resultado deseado, estandarizar y derivar experiencias para otros procesos

Al final, la metodología se basa no sólo en hacer mejoras, si no en adquirir el hábito de mejorar, como lo destacaba Juran. Dentro de la aplicación metodológica se utilizan las llamadas "siete herramientas básicas de la calidad" que incluyen: Listas de Chequeo y Estratificación, Diagrama de Pareto, Diagramas de Ishikawa (Causa-Efecto), Histogramas, , Diagramas de

Dispersión, Cartas de Control y otros Gráficos (de barras, de radar, etc) .

Posteriormente se agregaron las "siete nuevas herramientas de la calidad" que incluyen: Diagramas de Afinidad, Diagramas de Relación, Diagramas de Árbol, Diagramas Matriciales, Matriz de Análisis de Datos, Gráfico del Proceso de Decisión del Programa (process decision program chart), Diagramas de Flecha (una simplificación de las técnicas de PERT - CPM). Incorpora adicionalmente otra serie de herramientas y métodos, tales como el análisis de causar raíces, QFD, Hoshin Kanri y se aprovechan los desarrollos efectuados especialmente por Toyota (ver "El origen del Sistema de Producción Toyota" en el capítulo VII). Su aplicación se ha extendido a todo tipo de empresas y tiene la ventaja de que se puede adaptar a empresas de todos los tamaños, a un costo relativamente bajo y con una alta relación costo - beneficio.

ISO 9000

ISO es la Organización Internacional de Estandarización, integrada por más de 90 países, para el desarrollo y promoción de estándares comunes a nivel mundial. ISO 9000 es una familia de normas que describe los elementos que los sistemas de la calidad deberían contener. Proporcionan una orientación para la gestión de la calidad y los requisitos generales para el aseguramiento de la calidad.

Un Sistema de la Calidad es un conjunto de elementos interrelacionados e interactuantes cuyo objetivo es proveer consistentemente productos y servicios, que cumplan con los requerimientos del cliente y con las regulaciones vigentes y que, a su vez, satisfagan o excedan sus expectativas y necesidades. Los Sistemas de la Calidad son anteriores a ISO 9000 y se derivan del movimiento de Calidad Total, cuyos principios se basan en el enfoque al cliente y en el control estadístico de los procesos.

ISO 9000 surge como un modelo de aseguramiento y mejoramiento de un Sistema de la Calidad. En ese sentido la Norma no persigue imponer la uniformidad de los Sistemas de la Calidad, sino especificar los requisitos que deben cumplir para demostrar la capacidad de una empresa para diseñar y suministrar productos y servicios que logren la satisfacción del cliente, mediante la prevención de lo que en el argot de ISO 9000 se ha denominado *"NO CONFORMIDAD"*, es decir, el dejar de cumplir con requisitos especificados, en algunas de la etapas, desde el diseño hasta el servicio de posventa.

Hay que resaltar que lo que comúnmente denominamos ISO 9000 no es una norma, sino una familia de normas referidas al aseguramiento y mejoramiento continuo de Sistemas de la Calidad, de las cuales adquiere especial relevancia la Norma ISO 9001 que es la utilizada para certificar los Sistemas de la Calidad por las empresas certificadoras acreditadas.

Una Certificación ISO 9001 es una constancia que emite un Ente Certificador, con credibilidad ante los clientes, actuales o potenciales, de una Empresa, en la que hace constar que ha revisado el Sistema de la Calidad de dicha Empresa y verificado que este cumple con los requisitos de la Norma ISO 9001.

La Norma ISO 9001 ha ido evolucionando en el tiempo, producto de las revisiones periódicas a la que es sometida. Inicialmente, a pesar de inspirarse en los principios de Calidad Total, apareció más bien como una colección de 20 artículos puntuales que debía cumplir una empresa para lograr su certificación. A partir de la revisión del año 2000 (lo que se conoce como la norma ISO 9001:2000) adopta una filosofía de aplicación de la Norma basada en ocho principios: Enfoque al Cliente, Liderazgo, Participación del Personal, Enfoque basado en Procesos, Enfoque de Sistema para la Gestión, Mejora Continua, Enfoque basado en hechos para la toma de decisiones y Relaciones mutuamente beneficiosas con el proveedor.

La Norma ISO 9001 puede ser de gran utilidad para mejorar la competitividad de una empresa, si previo a su implantación se realiza una labor de optimización de procesos y si se implanta con una visión estratégica. De no hacerlo puede tener el efecto contrario, como ha ocurrido en una gran cantidad de empresas, transformándose en una costosa carga burocrática.

Six–Sigma

Six-sigma es una metodología enfocada a los procesos de negocios y a sus componentes, destinada a mejorar drásticamente sus resultados, mediante la minimización del desperdicio y de los recursos, mientras se incrementa la satisfacción del cliente.

En la práctica significa disminuir los defectos a menos de 3.4 por millón, o en otras palabras que por cada millón de oportunidades de producir un defecto, solamente ocurra en 3.4 veces. Se aplica en diferentes áreas tales como manufactura, servicios, tecnología.

Sigma	% de casos sin defecto	Defectos por millón de oportunidades
1	30.23	690.000
2	69.13	308.700
3	93.32	66.810
4	99.3790	6.210
5	99.997670	233
6	99.999660	3.4

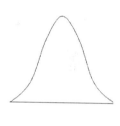

Defecto: cuando un producto o proceso no cumple el requerimiento exigido para satisfacer las necesidades del cliente

Es un movimiento que nace en los Estados Unidos de Norteamérica debido al fracaso de muchas empresas en la implantación de Calidad Total. Cuando se analizan las causas de estos fracasos se llega a la conclusión de que su origen proviene de diversos factores:

- Falta de liderazgo
- Adiestramiento ineficiente
- Falta de integración entre niveles
- Imposibilidad de romper barreras departamentales
- Conceptos vagos de Calidad
- Objetivos poco claros

- Rigidez metodológica
- Falso dilema entre Calidad y Reingeniería
- Focalización sólo en la producción

Los creadores de este movimiento, introducen correctivos, que integran en una metodología ecléctica, basada en los siguiente fundamentos:

- Liderazgo de vanguardia
- Adiestramiento total
- Énfasis en llevarlo al trabajo diario
- Prioridad en la Gerencia Interfuncional
- Mensajes simples y claros
- Objetivos ambiciosos
- Adaptabilidad total
- Implantación en todas las funciones

Los principales componentes de esta metodología son:

- Liderazgo: compromiso visible del más alto nivel.
- Adiestramiento masivo en todo el personal en técnicas de calidad.
- Equipos de trabajo, destinados a romper las barreras interfuncionales y a obtener objetivos concretos, **económicos y de calidad**.
- Enfoque de procesos, destinado a identificar y mejorar o reestructurar los procesos para eliminar el desperdicio y optimizar la eficacia y eficiencia de los mismos.

El liderazgo está basado en el compromiso del máximo dirigente de la organización, no sólo a proveer los recursos, sino también a administrar premios y sanciones para el cumplimiento de los objetivos.

El adiestramiento contempla la formación de varias categorías de participantes en el proceso:

- Master Black Belt: que es una persona con experticia en Calidad Total y actúa como mentor de varios proyectos en la organización.
- Black Belt: Personal en formación dedicado 100% a Proyectos Six-Sigma.
- Green Belt: Personal en formación dedicado parcialmente a Proyectos Six-Sigma.

Los Equipos de Trabajo están constituidos para abordar un proyecto específico prometedor, tanto en lo económico como en calidad. Están constituidos por:

- Lideres Ejecutivos que actúan como patrocinadores.
- Campeones: que seleccionan los Proyectos Six-Sigma. Son miembros de la Alta Gerencia, con al menos tres y medio días de adiestramiento. No tienen que trabajar a tiempo completo en el proyecto, pero deben asegurar su éxito.
- Master Black Belts: Seleccionados entre los mejores Black Belts, deben entrenar y ser mentores de por lo menos 10 Black Belts. Se certifican cuando 10 Black Belts se hayan certificado y el Equipo de Campeones lo apruebe.
- Black Belts: Dirigen un equipo. Son responsable por el análisis y la mejora del proceso. Deben entrenar y ser mentores de 10 Green Belts. Se certifican cuando lo apruebe el Equipo de Campeones.
- Green Belts: Personal que participa en un proyecto a tiempo parcial. Deben continuar usando lo aprendido al finalizar el proyecto.

En cuanto a los procesos, Six-sigma contempla cinco pasos a seguir:

1. Identificar procesos medulares y clientes clave.
2. Definir requerimientos de clientes.
3. Medir comportamiento actual del proceso.
4. Introducir mejoras six-sigma: diseñar o rediseñar el proceso.
5. Expandir e integrar el sistema six sigma.

Una vez seleccionado el proceso, para mejorarlo, el Equipo debe realizar dos actividades:

a) Definir las CCC (características críticas de calidad), es decir, las que son esenciales para la satisfacción del cliente
b) Comenzar el proceso **mamc**: medir, analizar, mejorar y controlar

El progreso en el mejoramiento o reestructuración de los procesos se mide mediante:

a) La satisfacción de los clientes
b) La determinación de los costos de la mala calidad:
   - Inspección
   - Costos Internos: Retrabajo, desperdicio, etc.
   - Costos Externos: Garantías, reclamos, etc.

c) La determinación de la calidad de los proveedores externos:
   - Defectos en CCC por millón de unidades compradas
d) La determinación del comportamiento interno:
   - Defectos generados en CCC por millón de oportunidades
e) El diseño para la manufacturabilidad:
   - % de diseños revisados para alcanzar CCC
   - % de CCC diseñadas para Six Sigma

Para lograr sus propósitos, six sigma no descarta ninguna de las herramientas desarrolladas en los tiempos modernos, utilizando, cuando el caso lo amerita desde la reingeniería hasta la calidad total.

Teoría de las Restricciones (TOC)

La Teoría de las Restricciones (TOC o Theory of Constraints) es una metodología para el mejoramiento de empresas, popularizada a través de un libro, "La Meta", escrito por el Dr. Eliyahu Goldratt, que tiene la originalidad de exponer dicha metodología a través de una novela romántica, con lo cual se convirtió en un best-seller. Parte de que "la meta" de cualquier empresa con fines de lucro es ganar la mayor cantidad de dinero posible de manera sostenida y si no lo hace es porque existen restricciones que se lo impiden.

Estas restricciones están constituidas principalmente por recursos o políticas que constituyen "cuellos de botella" para alcanzar "la meta" y pueden estar en diversas partes del sistema: el mercado, los procesos de producción, los proveedores, el capital financiero, el personal. No todas las restricciones tienen la misma importancia y siempre hay algunas pocas que causan el mayor efecto negativo en el logro de "la meta" (una aplicación directa del principio de Pareto). Por consiguiente la metodología se enfoca en cinco pasos:

1. Identificar las restricciones, jerarquizarlas y escoger la más importante
2. Decidir como "explotar" (es decir cómo resolver o minimizar) la restricción
3. Subordinar todos los otros procesos al paso anterior
4. "Elevar" (es decir levantar o minimizar) la restricción
5. Una vez resuelta, identificar la próxima restricción y volver al paso 1

A partir de esa metodología Goldratt elabora toda una teoría que aplica en diversas situaciones. Conceptualmente se trata de una aplicación adicional del enfoque sistémico, que integra mucho de lo desarrollado en cuanto al control estadístico de los procesos.

TPM (Total Productive Maintenance)

TPM es una técnica dirigida fundamentalmente a la mejora del rendimiento de instalaciones y equipos a partir del análisis de las causas de las pérdidas de la efectividad de los mismos. Una planta o un equipo pudieran dar el 100% de su capacidad de diseño, de no ser por una serie de pérdidas de diferente naturaleza: paradas por mantenimiento programado, paradas por mantenimiento no programado, paradas imprevistas por fallas, disminución del rendimiento por deterioro, etc.

El triángulo de la competitividad

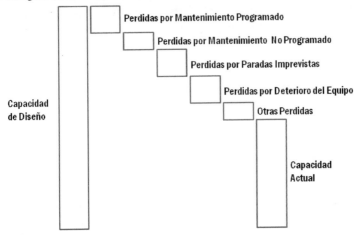

Perdidas por Mantenimiento Programado

Perdidas por Mantenimiento No Programado

Perdidas por Paradas Imprevistas

Perdidas por Deterioro del Equipo

Otras Perdidas

Capacidad de Diseño

Capacidad Actual

Si analizamos cuáles son las pérdidas mayores (Pareto) y las causas raíces de dichas pérdidas (diagrama de Ishikawa) de una manera sistemática, podemos generar acciones destinadas a minimizar dichas pérdidas. Este es el fundamento metodológico de TPM.

AVA (Análisis de Valor Agregado)

Es una metodología qué parte del análisis de los diversos departamentos de una organización y del valor agregado que dan a los fines de la empresa. Para ello se examina el propósito de cada uno de los mismos (incluyendo la Dirección) y los productos o servicios que suministra. Igualmente se analizan los procesos y las actividades que actualmente se utilizan para generar esos productos o servicios, y el costo de dichas actividades, incluyendo una distribución de los costos generales de la organización, tales como espacio de oficina, electricidad, servicios diversos, comprendidos los de informática, y otros similares, los cuales se les prorratean con base en determinados criterios, siguiendo una metodología muy similar a la de ABC (Activity Based Costing). Con base en esta información se generan tormentas de ideas entre los integrantes de la organización con un objetivo ambicioso, tal como reducir los costos en un 40%. Esto obliga a cada grupo a identificar aquellas actividades que se pueden eliminar, las que se pueden reducir o hacer a un menor costo y las que se deben mantener. Como metodología tiene un efecto muy positivo en cuanto a creación de conciencia de costos, y a la identificación del costo-beneficio de las actividades, y generalmente produce una reducción sustancial de costos. No obstante tiende a producir mucha tensión organizacional al sentirse una gran parte del personal cuestionado y amenazado en su estabilidad laboral, por lo cual debe manejarse con mucha prudencia.

Modelos computarizados de Planificación Estratégica de Capital Humano

Estos modelos parten de un análisis de los procesos actuales de la empresa y del plan corporativo en los próximos años, para identificar indicadores que relacionen las actividades que la empresa realiza o debe realizar para cumplir el plan corporativo, con el personal requerido para realizar dichas actividades. De esta manera se pueden identificar las necesidades cuantitativas y cualitativas de capital humano de la organización. Por otra parte se analiza la posible evolución del personal existente con base en la rotación que se genera por diversas causas, para determinar el personal disponible en un período de tiempo. La comparación de requerimientos y disponibilidades, así como la simulación de las posibles progresiones de carrera del personal existente, produce información acerca de la cantidad y tipo de personal que debemos emplear en las diversas fases del período de planificación, así como de la programación de carrera que se debe hacer con el personal existente. Estos modelos tienen la virtud de crear conciencia acerca de las implicaciones que tienen los planes del empresa en el capital humano y permite evaluar las mismas en diversos escenarios con mucha rapidez, creando una ventaja competitiva en cuanto a la anticipación de captación de personal en el entorno.

Programas computarizados para el cierre de brechas de competencias

Estos programas parten de una identificación de las competencias clave requerida en los diversos procesos, especialmente en los medulares, y de las brechas existentes. A partir del análisis individual de cada trabajador (usualmente recogido en su evaluación anual) y de las necesidades para el próximo período, se genera un programa que jerarquiza la forma de cerrar prioritariamente las brechas más importantes, con indicación de la capacitación que se debe dar y el costo de la misma.

Las reglas no escritas del juego

Como mencionamos anteriormente, Scott Morgan desarrolló una metodología sencilla que permite la identificación de la cultura organizacional informal, o real, tomando una muestra representativa estratificada de personal con cierta antigüedad investigando en entrevistas individuales lo que debería hacer cualquier empleado estuviera dispuesto a progresar en la empresa. ¿Con quién debería relacionarse, de qué forma y por qué? ¿Con quién no debería relacionarse y por qué? ¿Qué debería hacer prioritariamente, y por qué? ¿Qué no debería hacer nunca, y por qué? El consultor que lleve a cabo las entrevistas debe producir suficiente confianza en el entrevistado para obtener respuestas sinceras y debe saber agrupar las respuestas para extraer las reglas no escritas del juego.

EPÍLOGO

Para cambiar nuestras empresas necesitamos primero comprender lo que ha ocurrido históricamente, por qué lo que en el pasado condujo al éxito ya no funciona en las condiciones actuales y que podemos hacer para adaptarnos a las nuevas circunstancias.

En este trabajo hemos tratado de exponer las razones por las cuales una gran cantidad de corporaciones han dejado, o están dejando, de ser competitivas, lo cual ocurre en corporaciones que operan bajo distintos regímenes, capitalistas y socialistas, lo que indica que las causas se encuentran en el paradigma que ha servido para estructurarlas y manejarlas, cuya raíz está en el denominado modelo burocrático, compartido en su oportunidad por los Estados Unidos y la Unión Soviética y China.

Realizado este análisis pasamos a exponer los nuevos paradigmas que se han desarrollado en las corporaciones que han demostrado ser competitivas y las formas de mejorar drásticamente esa competitividad.

Estas formas las hemos resumido en lo que denominamos el triángulo de la competitividad, constituido por la estrategia, la efectividad operacional en los procesos, y el manejo estratégico del capital humano y de la cultura organizacional. Esta primera visión de conjunto está destinada a facilitar al directivo, o gerente, la comprensión y el diagnóstico de la situación actual de su empresa y lo que puede hacer para mejorarla. En próximos trabajos se profundizará en cada uno de los focos de este triángulo y en las metodologías y herramientas para hacerlo. Esperamos que tanto directivos como profesionales puedan sacar provecho de ellos.

Acerca del autor

Eduardo Betancourt es Consultor Organizacional y Coach Estratégico de Empresas. Preside el Centro de Investigación, Educación y Desarrollo Estratégico (CIEDE), con sede en USA.

Es Profesor de Postgrado en las áreas de Estrategia, Organización y Capital Humano, en la Universidad Central de Venezuela (UCV), Universidad Católica Andrés Bello (UCAB) y Universidad Simón Bolívar (USB).

Desarrolló su carrera profesional en la Compañía Shell de Venezuela y en Petróleos de Venezuela (PDVSA), donde desempeñó diversas posiciones ejecutivas, entre ellas la de Gerente Corporativo de Planificación de Organización y Recursos Humanos de PDVSA.

Es Ingeniero Mecánico (UCV) y Abogado (UCV)
Tiene Maestría en Ingeniería de Petróleos (LUZ) y especializaciones en Desarrollo Organizacional (UCAB) y en Derecho Internacional Económico y de la Integración (UCV)

Printed in Great Britain
by Amazon

CAPÍTULO II

LOS CAMBIOS QUE CONMOVIERON EL MUNDO ORGANIZACIONAL

En este capítulo se analizan los cambios ocurridos en el entorno en los últimos 30 años y sus repercusiones en el paradigma tradicional de las empresas, para poder comprender las razones de la pérdida de competitividad de las mismas.

Cinco disrupciones que cambiaron el mundo organizacional

La relativa estabilidad del entorno empresarial que caracterizó la primera mitad del siglo pasado comenzó a cambiar, cada vez más aceleradamente, a partir de los años 70. Una serie de disrupciones contribuyeron a esta aceleración del cambio y tuvieron profundas repercusiones tanto en la sociedad, como en las empresas. Las principales las podemos agrupar en las siguientes: la revolución tecnológica, la globalización, la concientización del ciudadano común, la democratización de las empresas y la revolución de la calidad.

La revolución tecnológica, la globalización, la toma de conciencia del ciudadano común, la democratización de las empresas y la revolución de la calidad, conmovieron el mundo organizacional

---

La revolución tecnológica

A finales de los años 50 la Unión Soviética y los Estados Unidos emprenden una competencia por el dominio del espacio. En 1957 la Unión Soviética coloca el primer satélite artificial, el Sputnik 1, y al mes siguiente el Sputnik 2, con un

---

peso de 508 kg. Cuatro meses después, los Estados Unidos deben conformarse con colocar el satélite Explorer 1, de apenas 14 kg de peso. Sin embargo, la desventaja tecnológica en materia de propulsión de cohetes espaciales es compensada por el desarrollo de instrumentos más pequeños que van dentro del satélite. Se abre el campo de la miniaturización.

En 1972 la empresa Intel desarrolla el microchip, produciendo en el área de la computación un efecto similar al que años antes había producido Ford con el automóvil. No es que no existieran computadoras en esa época, sino que las mismas estaban reservadas para las grandes empresas, y ocupaban mucho espacio. A partir de los años 70, las computadoras empiezan a disminuir de tamaño, son más potentes, aparece el ratón (mouse) y se vuelven más amigables, son menos costosas y por último pasan a ser portátiles.

Esta revolución tecnológica, también se manifiesta en una revolución de las comunicaciones, reflejada especialmente en las comunicaciones satelitales y en el Internet. Ahora la información está al alcance de nuestras manos, en cuestión de segundos ("a un clic de distancia"), y con ella los últimos adelantos tecnológicos. Pero la revolución tecnológica no se limita sólo a estos aspectos, por el contrario los mismos sirven para potenciar otros desarrollos. Comienza el fenómeno de convergencia de tecnologías, ya podemos usar la computadora para ver televisión y la televisión pasa a ser interactiva, el teléfono celular sirve para enviar mensajes de texto, para recibir nuestra correspondencia de Internet y para tomar fotografías y videos, además de otras funciones como calculadora, agenda, juegos y demás.

La globalización

Los países comprenden la importancia de abrirse a estos cambios, eliminando barreras proteccionistas, so pena de quedar atrasados. Las empresas comienzan a expandirse y muchas adquieren un poderío económico que en ocasiones es superior al de algunas naciones. Trasladan su manufactura a aquellos países donde el costo de la mano de obra es menor. La industrialización deja de ser sinónimo de desarrollo y se da la paradoja de que los países subdesarrollados pasan a ser los